Biermanufakturen in Berlin

Peter Korneffel

Biermanufakturen in Berlin

nicolai

Unser Newsletter und unsere Facebook-Seite informieren Sie über aktuelle Bücher und alle anderen Neuigkeiten unseres Verlages.

www.nicolai-verlag.de

nicolai *Der Hauptstadtverlag*

Lektorat: Lydia Fuchs
Herstellung: Melanie Walter

Printed in the EU

ISBN 978-3-89479-921-2

INHALT

MARZAHN / PERIPHERIE

ABSPANN

ANHANG

SCHNEIDER WEISSE
Meine Porter Weisse
RIEDENBURGER
historisches Emmer Bier
1628
Hopfenstopfer
Comet IPA
WOODFOUR
MASHTAG
democratic brown ale
RUNOFF
RED IPA
SAUGATUCK
BREWING COMPANY
BONFIRE BROWN
ALE
ABITA
AMBER
METHUSALEM
Der Ulmer Maibock
MAISEL & FRIENDS
RAGING BITCH
BELGIAN-STYLE IPA
Berliner Weisse
PROTO TYP
CREW Republic

»Hey, schenk' mir dein neuestes Bier ein!«

Berlin, Hauptstadt der deutschen Craft Bier-Bewegung, Gründerstadt der Mikrobrauereien und Tummelplatz der Bierrebellen. Oder: Die unaufhaltsame Rückkehr des guten Biers

Sich »auf ein Bier treffen« bedeutet für die meisten Menschen heute, einen schönen, gemütlichen oder geselligen Ort zu finden, einen, wo man gut zusammen sitzt, freundlich bedient wird, nette Leute trifft, gute Musik hört und gesehen wird, der am besten nicht verqualmt ist, nicht zu schmuddelig, nicht zu laut, wo man vielleicht auch etwas essen und womöglich das Champions League-Spiel verfolgen kann, wo man die bezaubernde Kellnerin kennt, mit der U-Bahn gut hinkommt und im Sommer auch draußen sitzen kann. Aber kaum jemand trifft sich wegen des Biers auf ein Bier. Bier ist Beiwerk. Billiges, überall verbreitetes, oft unterkühltes und behutsam benebelndes Beiwerk. Das liegt in erster Linie an den Konsumenten, die beim Bier mehrheitlich weder besonders wählerisch noch neugierig sind. Und es liegt am Bier, das seinen Trinkern immer weniger Wahl zwischen spürbar unterschiedlichen Sorten, Richtungen und Aromen ermöglicht, ein irgendwie mittelmäßiges Durchschnittsbier, das einen auch nicht gerade neugierig macht.

Genau das ändert sich seit wenigen Jahren und nirgends in Deutschland mit einer so rasanten Dynamik wie in Berlin. In der Stadt, in der unbeirrbare Gasthausbrauer sich gegen die Mainstream-Biere stemmen, wo mutige Vertriebsbrauer einen überlebensfähigen Markt für ihre Biere erkämpfen und wo eine enthusiastische Szene von Craft Bier-Brauern immer neue Biere und Vertriebsideen kreiert. Was sie eint, ist das Handwerk, die Manufaktur, die individuelle Herstellung persönlicher, überraschender und aufregender Biere. Die Brauer der bis heute 22 Biermanufakturen Berlins wehren sich wie unbeugsame Kesselhaus-Rebellen gegen den »chronischen Dämmerzustand vor acht Bildschirmen im orthopädischen Stuhl«, wie der Berliner Brauer Thorsten Schoppe die Zustände in einer Großbrauerei beschreibt.

Es ist kein Zufall, dass gerade in Berlin ein Hotspot, wenn nicht das Epizentrum der europäischen Craft Bier-Bewegung liegt. Die hiesige Technische Hochschule spült jedes Jahr rund zwei Dutzend junge Diplom-Ingenieure für Brauwesen aus ihren Versuchsanlagen. Die frisch gebackenen Sudhaus-Profis stehen dann vor einer Richtung weisenden Lebensentscheidung: Anheuern beim Radeberger Giganten in Hohenschönhausen für die wenigen orthopädischen Bildschirmplätze, gut klimatisiert und abgeschirmt von den Hightech-Kesseln mit dem Bier. Oder Abwandern in Regionen, die noch eine ausgeprägte Brauhauskultur kennen, etwa ins Frankenland. Wer jedoch das Bier verstanden hat und Berlin zu lieben und zu verfluchen weiß, wird mit diesen beiden Optionen nicht glücklich.

Hinzu kommen zahllose Braugesellen und -meister aus den rund 1300 Brauereien der Republik. Diesen jungen Brauern erscheinen Orte wie Friedrichshain und Pankow deutlich verlockender als Markersreuth am Hammerberg oder das westliche Münsterland. Selbst junge US-amerikanische Brauer streben in die deutsche Hauptstadt. Und die wissen, was Craft Bier kann – »… then we take Berlin«. Sucht man in Europa nach einer Hauptstadt für Start-up-Unternehmen, dürfte an Berlin kein Weg vorbei führen. Der Begriff mag reichlich abgenudelt sein, aber gibt es etwas »Geileres« als eigenes Bier zu brauen »mitten in der unfassbaren Coolness eines urbanen Lifestyle-Laboratoriums, eines gigantischen Experimentierfeldes der Lässigkeit und des postkapitalistischen Dandytums«, wie die Süddeutsche Zeitung das Berlin von heute sieht?! Vermutlich nicht.

Sie sind ausreichend verrückt, aber keine durchgeknallten Einzelgänger. Die meisten Handwerksbrauer Berlins vernetzen sich in diesem brodelnden Melting Pot der Visionäre. Sie inspirieren und helfen sich gegenseitig, besuchen den jeweils anderen, riechen an dessen Sud und probieren sein Bier. Sie arbeiten nicht gegeneinander. Fehlt ein Sack Malz, leiht man ihn beim Kollegen. Den Brauer von Vagabund trifft man auch zum Saison-Anstich bei Heidenpeters, der einst von Hops & Barley inspiriert wurde. »Leute, ihr habt mich leer getrunken. Jetzt gibt es bei mir erst mal Rollberg Bier«, heißt es schon mal bei Eschenbräu. Beer-4weeding ließ vor der Gründung der eigenen »Bierfabrik« am Brauhaus Südstern brauen, wo auch das Pfefferbräu seinen Braumeister gefunden hat, nämlich den zitierten Mann von Schoppe Bräu.

Gleichsam schreit die Berliner Ausgehszene geradezu nach aufregenden Bieren. Die neuen Biertrinker drängeln sich in den Schankstuben der mutigen Brauer, sie tummeln sich zu Tausenden auf den Brau- und Craft Bier-Festivals, sie diskutieren über Reinheit und Hopfen, sie füllen die zahllosen Workshops und Seminare. Unglaublich. Volkshochschule reloaded.

Über die Hälfte aller heutigen Berliner sind seit dem Mauerfall Zugezogene. Ein großer Teil von ihnen, so die Stadtstatistik, sind junge Akademiker aus Westdeutschland oder den EU-Staaten. Nicht wenige sind oder werden Lebenskünstler, aus Not oder aus Passion. Oder sie sind gar Teil einer sogenannten Kreativwirtschaft, neugierig, risikofreudig, extravagant, immer auf der Suche nach einem noch nicht polierten Stück Utopie. Aber auch die waschechten Berliner zieht es spürbar weniger in die traditionellen Berliner Eckkneipen wie »Zur Quelle« oder »Zur Bierpause«. Dabei schreckt sie mutmaßlich nicht nur der dort gepflegte Herrenwitz, sondern wohl auch das Bier, das im traditionellen Berlin sehr gerne von einem kräftigen Mann mit lustiger Mütze und schwerem Krug angepriesen wird. Ein Relikt aus Zeiten muffiger Vorhänge in verrauchten Spelunken.

Reden wir Klartext über Schultheiss und Co, denn sie können einem ja fast leidtun. In Berlin gibt es heute nur noch eine einzige Brauerei, die Berliner Industriebiere und Traditionsmarken herstellt. An einer einzigen Braustätte in der Indira-Gandhi-Straße in Alt-Hohenschönhausen. Schultheiss, Kindl, Berliner, Engelhardt, Bürgerbräu und andere – alles aus einer Anstalt. Der Bielefelder Lebensmittel-Multi Dr. Oetker und seine Radeberger Gruppe haben in Berlin alles auf eine Karte gesetzt. Das spart Aufwand, Personal, Transportwege und liegt ja quasi auf der Hand: Denn die meisten Berliner und ihre Besucher trinken bis heute unbeirrbar und in noch immer großen Mengen die nahezu gleichen Biere – süffige, helle und schwach gehopfte Pilsner Biere, die sich nicht nur in Berlin immer ähnlicher werden.

Die Industriebiere haben sich weitestgehend einer eisgekühlt und beiläufig trinkenden Masse ergeben. Die Marketing-Etagen der Großkonzerne rackern sich ab, möglichst viel Originalität und Individualität hinzuzudichten. Großbrauereien mit doch allzu ähnlichen Bieren versuchen, ihren »unique selling point« zu erfinden. Für Geschmack und Qualität hat es jedoch keinerlei Bedeutung, ob ein Bier mit »Siegelhopfen« gebraut ist oder mit »Felsquellwasser«, ob es die Fußball-Nationalmannschaft trinkt oder Matrosen auf grünen Segelschiffen, ob serviert von einem König oder vor üppig gefülltem Dirndl. Sex sells. Aber selbst die prallsten Brüste geben kein Bier.

Niemand will die technische Qualität der großen deutschen Bierkonzerne in Zweifel stellen. Auch nicht die Mikrobrauer Berlins. Allenfalls nehmen sie Dr. Oetkers Mainstream-Ausrichtung zum Ansporn, neue Bierkreationen zu entwickeln und Biertrinken wieder zu einem Erlebnis am Bier zu machen. Bier geht auch anders. Die Handwerksbiere der 22 Mikrobrauer der Hauptstadt sind nicht für Bierbikes und Bierduschen gemacht. Sie sind im Grunde noch nicht einmal geeignet zum Mit-der-Pulle-in-der-Hand-durch-die-Straßen-ziehen. Die ernüchternde Abrechnung der deutschen Bierindustrie passt auf einen Bierdeckel: Seit Jahren gehen der Bierausstoß und der Bier-pro-Kopf-Verbrauch in Deutschland kontinuierlich zurück. Gleichzeitig – ein größeres Kompliment kann man der Mikrobrauer-Bewegung gar nicht machen – steigt die Anzahl der Brauereien in Deutschland Jahr für Jahr. Wohin führt das? Nur ein vorsichtiger Gedanke dazu: In den USA haben die Biermanufakturen mittlerweile einen Umsatzanteil von 14 Prozent am amerikanischen Bierkonsum. »First we take Manhattan …«

In der Geschichte Berlins war das Brauwesen immer schon Spiegelbild und Akteur wichtiger gesellschaftlicher, manchmal epochaler Entwicklungen. Deswegen fließt in dieses Buch und dessen Exkursionen immer wieder die packende Braugeschichte Berlins ein. Waren es früher die Industrialisierung, die Verstädterung und die Mechanisierung der Arbeitswelt, so spiegeln die jungen Biermanufakturen heute die wachsende Kreativwirtschaft Berlins wider. Es sind gerade diese Start-ups, jene selbstbewussten, experimentierfreudigen, innovativen, individuellen und global vernetzten Ideenschmieden, welche die Ökonomie der Hauptstadt befeuern und erneuern. Es sind nicht die Verwalter bestellter Träume von Flughäfen und Olympiaden.

Was an lustigen Abenden in WG-Küchen, Waschkellern und auf Balkonen mit Glühweintöpfen und verbeulten Küchensieben begann, formt heute eine Bewegung mutiger, junger Brauer, die immer professioneller und größer wird, die unaufhaltsam dabei ist, Biertrinken neu zu definieren. Es begann alles 1995 mit der Gründung einer Brauerinitiative namens Bier Company in Kreuzberg. Zwanzig Jahre später können viele der Kleinbrauer die Nachfrage der wachsenden Gemeinde von Biergenießern kaum mehr befriedigen. Die Kapazitäten der Mikrobrauer werden also ausgebaut. Wir erleben einen Boom. Noch immer ist Platz in Berlin für weitere kreative Brauer, für kunstvolle Kesselanlagen und für provokante Biere. Und wenn dann doch nicht mittendrin, dann zumindest in Marzahn.

Ich gestehe, ein solches Buch nicht erwartet zu haben. Die Geschichten der 22 Biermanufakturen sind derart unterschiedlich, verblüffend und bewegend, wie ich sie mir bei aller Freude an gutem Bier und bei meiner ungebrochenen Neugier auf Berlin nicht zu erträumen wagte. Aus der einst geplanten »Portraitreihe« wurde eine Sammlung von Lebensgeschichten, von Schicksalen und Erfolgsstorys – sehr persönliche, manchmal verzweifelte, dann wieder glückselige, doch immer berührende Geschichten von Brauern und Brauereien. Über das Bier und das Brauen habe ich Berlin und Berliner kennengelernt wie nie zuvor.

Dieses Buch ist kein Bierführer. Ich liebe zwar mutige und charakterstarke Biere, aber ich bin kein Sommelier. Dieses Buch ist das Spiegelbild einer rebellischen Brauer-Szene. Ich habe es mit reichlich Hintergrund sowie historischen und modernen Exkursionen versehen, erweitert um einen ausführlichen Anhang mit Links, Adressen, Tipps und Quellen. So wird es am ehesten zu einem Kulturführer, verbunden mit meinem stillen Wunsch, dass Bier in Berlin wieder zu einem Kulturgut wird. Wenn das gelingt, weiß ich, wem das zu verdanken ist. Und um diese Menschen geht es jetzt. Viel Spaß beim Eintauchen in die Berliner Brauerwelt.

Die Geschichte des Brauens und Biertrinkens in Berlin

Seit 7000 Jahren trinken Menschen Bier

Wenn in den Gemäuern der hundertjährigen Malzfabrik von Tempelhof eine Alt-Orientalistin neugierige Besucher führt, dann um von den Anfängen einer Jahrtausende alten Bierkultur zu sprechen. »Die Forscher haben Oxalate in Tongefäßen gefunden, die aus dem südlichen Irak um 5000 vor Christus stammen«, erläutert Kristina Petrow. Die engagierte Leiterin der 90-minütigen »Malzreise« schreibt ihre Masterarbeit an der FU Berlin über den Ursprung des Biers. »Diese Oxalate sind Rückstände von Bier, die ältesten, die jemals gefunden wurden.« Bier ist also mindestens 7000 Jahre alt.

Erste Tontafelschriften zu dem nahrhaften Heiltrank fertigen die Sumerer in Mesopotamien um 3000 v. Chr. an. Diese frühen Brauer stellen mit ihrem »Codex Hammurabi« um 1700 v. Chr. sogar ziemlich rustikale Verhaltensregeln auf. Darin steht etwa, dass, »wer einer Priesterin Bier ausschenkt, in den Fluss zu werfen ist.« Ein anderer Paragraf des sumerischen Regelwerks verordnet: »Bierpanscher werden in ihren Fässern ertränkt oder so lange mit Bier vollgegossen, bis sie ersticken.« Das Sumerer-Bier schmeckte definitiv anders als eine frisch gezapfte Halbe im Berliner Biergarten, geschweige ein Craft Bier auf dem Festival. Denn von den Sumerern kennen wir zwar etliche Biersorten, aber sie kannten nicht den Hopfen und nicht die Kälte.

2000 Jahre Bierkultur in Berlin und in der Mark

In der Mark Brandenburg begegnen Bierforscher dem Hopfen als Zutat zum Bier seit dem ersten Jahrhundert. Meist brauen es die Frauen für ihre Familien und Nachbarn. Doch im Mittelalter reglementieren die Stadtoberen Berlins die bierseligen Geschäfte sich ausbreitender lokaler Brauer. Die kommunale Biersteuer als eine der ersten Verbrauchsteuern Deutschlands überhaupt kommt 1380 per Dekret auch nach Berlin. Je nach Menge und Stammwürze müssen die Berliner fortan Abgaben auf ihr Gebrautes zahlen. Biervertrieb und gewerbsmäßiger Ausschank werden jetzt gebührenpflichtig.

Verladerampe von Bürgerbräu am Müggelsee

Immerhin kennen wir seither mehr oder minder die Anzahl registrierter Braustätten in Berlin, wenngleich hier eine große Dunkelziffer von Schwarzbrauern das Zahlenwerk vernebelt. Um 1600 zählt Berlin offiziell etwa 100 Brauereien. 1660 – damals hat Berlin gerade einmal 15 000 Einwohner – sollen es schon 250 Braustätten gewesen sein, also eine pro 60 Einwohner. Anfang des 18. Jahrhunderts brauen angeblich über 400 Sudhäuser in Berlin, was möglicherweise der höchsten Brauereidichte in Deutschland – wenn nicht weltweit – gleichkommt. Bier ist längst Grundnahrungsmittel, wird im Haushalt hergestellt wie Brot. Es gilt als gesund und wird sogar in einigen Apotheken zur Heilbehandlung verabreicht. Bier ist jetzt in der Mitte der Gesellschaft und in jeder Familie fest verankert.

Der Durchbruch für das Berliner Brauwesen im 19. Jahrhundert

Der Berliner Brauforscher Henry Gidom macht um 1800 schließlich einen dramatischen Wendepunkt aus. Plötzlich zeichnet sich eine »Professionalisierung des Brauhandwerks ab«, der Markt und die Gesetze öffnen

Im Keller von Bürgerbräu lagern noch alte Flaschen und Fässer

sich für neue Biersorten und erstmals etablieren sich größere Hersteller und Händler von Weißbier. Die Brauer am Stadtrand werden dadurch zu »industriellen Pionieren« des alten Berlins. Gidom, der aktuell über die Entwicklung der Brauindustrie am Beispiel Berlins promoviert, beschreibt den Beginn einer neuen Epoche: »Und dann kamen die Küfer und Brauhandwerker aus dem Süden in die Stadt. Das ›Bayrischbier‹, untergärig gebraut, beginnt in der ersten Hälfte des Jahrhunderts seinen Siegeszug im Berliner Raum.« Adressbücher und Gewerbeverzeichnisse der Hauptstadt weisen zwischen 1800 bis 1925 etwa 360 Berliner Brauereien aus. Die meisten sind noch bis in die 1830er-Jahre zumeist sogenannte »Einmann- und Familienbetriebe« – die Urformen der Berliner Biermanufakturen.

Die Berliner lieben das um 1840 nach Berlin gekommene Bayrischbier, ein vergleichsweise frisches, untergäriges Gebräu, durch welches das Biergeschäft völlig neue Dimensionen erreicht: »Ab 1850 entwickelten sich regelrechte Bier-Giganten; Großbetriebe, die mithilfe eigener, moderner Forschung, neuester Technologie und Anlagen Maßstäbe im deutschen und europäischen Raum setzten«, sagt Gidom. Technik und Know-how kommen zunächst vornehmlich aus England. Allmählich beginnen Berliner Brauereien immer mehr Bier auch zu exportieren: nach Preußen, ins Sudetenland und nach Westeuropa.

Eisernten, Eiskeller und Eismaschinen

Das untergärige Bier erlebt einen Siegeszug und ist deutlich besser zu lagern als das obergärige. Aber es hat ein Problem: es braucht Kälte, jenes im Sommer so heiß begehrte Gut. Mit immensem Aufwand legen die Brauereien daher Tiefkeller zur kühlen Reifung und Lagerung ihrer Lagerbiere an. Als Kühlmittel wird Natureis aus den umliegenden Seen Berlins genutzt. Es wird im Winter mit Sägen und Zangen geerntet, mit Fuhrwerken in die Eiskeller der Brauereien gebracht und eingelagert, um dann im Sommer portionsweise in den Stirneiskellern der unterirdischen Bierlager gefüllt zu werden. Ein extrem aufwendiges, aber das einzige Kühlverfahren in Berlin. Das kühle Sommerbier, wie es im alpennahen Süddeutschland gang und gäbe war, wird so auch in Berlin ein absoluter Renner.

Aber immer wieder bedrohen milde Winter die Eisernten und damit das Sommergeschäft, sodass die Berliner Brauer ihr Natureis in solchen Jahren kostspielig aus Norwegen importieren müssen. Die teuren Transporte der norwegischen Eisflotten schlagen sich in hohen Preisen in den Berliner Biergärten nieder. Ein warmer Winter bedeutet für Brauer wie für Biertrinker ein Desaster. So lassen einige Brauer in Süddeutschland Anfang der 1870er-Jahre in der Spaten-Brauerei eine Maschine entwickeln, die künstliche Kälte erzeugen kann.

Die von den Brauern in Auftrag gegebene erste »Ammoniak-Kompressions-Kältemaschine« des bayrischen Maschinenbau-Ingenieurs Carl Paul Gottfried von Linde ist ebenso sperrig wie ihr Name. Aber sie ist der Grundstein zu einer industriellen Revolution und der Durchbruch für das industrielle Brauen. In Berlin wird die erste Eismaschine von Linde schließlich 1883 im Böhmischen Brauhaus in Betrieb genommen. Bald darauf ist die massive, ganzjährige Versorgung mit dem beliebten untergärigen Bier für Berlin gesichert.

Der zweite Motor des Bierbooms ist in diesen Jahrzehnten die Demografie. Berlins Bevölkerung verdoppelt sich allein zwischen 1850 und der Reichsgründung 1871 auf rund 850 000 Einwohner. Zum Ende des 19. Jahrhunderts sind es bei galoppierender Industrialisierung der Region bald zwei Millionen Menschen an der Spree. Der Bierkonsum wächst auf dem Territorium des Deutschen Reichs entsprechend zwischen 1850 und 1900 von 14,5 Millionen auf 66,6 Millionen Hektoliter. Was für Zeiten: die Arbeiter in den meisten Brauereien Berlins erhalten neben dem Lohn »mindestens vier Liter Freibier«. Täglich!

Der Bierboykott von 1894

Derartige industrielle Entwicklungen erzeugen nur allzu verständliche Begehrlichkeiten bei der Arbeiterschaft, auf deren Rücken die Großproduktion läuft. Mit dem Erstarken der Sozialdemokratie Ende des 19. Jahrhunderts lehnen sich Tausende Arbeiter der Berliner Brauereien gegen ihre Arbeitgeber auf. Im Kampf um einen arbeitsfreien 1. Mai legen die Böttcher im Jahr 1894 einen Teil der Berliner Großbrauereien lahm. Nachdem diese Brauereien mit Aussperrungen und Entlassungen reagieren, rufen die Sozialdemokraten zu einem stadtweiten Bierboykott gegen den »Ring« Berliner Großbrauereien auf. Eine »Boykott-Kommission« und »Bier-Controlleure« wachen über die Einhaltung der Kampfmaßnahme, nicht ohne Konflikte mit den Gaststätten.

»Ein kleiner Ring von Kapitalisten, die vereinigten Brauereien von Berlin und Umgebung, hielt es für angebracht, an einem recht drastischen Beispiel zu zeigen, daß der Kapitalismus sich alles erlauben darf, was Unternehmer-Hochmuth und Herrschsucht eingiebt«, so der Aufruf der Kommission. »Nieder mit der Willkür der Brauerrings!« Erst Weihnachten 1894 einigen sich Unternehmer, Böttcher und Arbeitervertreter in den Brauereien auf einen Kompromiss, womit Berlins größter Arbeitskampf im Braugewerbe ein friedliches Ende findet. Die Berliner Brauereien erleiden einen empfindlichen Absatzeinbruch von über 40 Prozent.

Höhepunkt, Absturz und totale Konzentration

Zunächst setzt zur Jahrhundertwende ein ziemlich entfesselter Konzentrationsprozess in der Berliner Brauindustrie ein.
Bei Kriegsausbruch 1914 bleiben in Berlin von einst 240 noch rund 100 Brauereien übrig, darunter etwa 40 große. Die Marktführer sind Schultheiss, Kindl, Engelhardt und Patzenhofer. Kriegsbedingt bricht der Bierkonsum nun ein. Die Stadt Berlin erreicht nach dem Ersten Weltkrieg,

Historische Bügelflaschenverschlüsse Berliner Biere

vor allem durch die Eingemeindung umliegender Orte, zwar bis zum Jahr 1925 erneute Einwohnerzuwächse auf 3,9 Millionen Menschen. Doch die Weltwirtschaftskrise und der heraufziehende Zweite Weltkrieg treffen auch die Bierindustrie hart. In der Folge sind nicht wenige traditionelle Brauereien zerbombt und abbruchreif. Andere werden von den Besatzungsmächten ausgeräumt oder schlicht geplündert.

Aber aus dem 1945 beginnenden Wiederaufbau entwickelt sich binnen weniger Jahre eine bis dahin in Deutschland nicht gekannte Konsumkultur. Das »Wirtschaftswunder« treibt auch das Brauwesen an und umgekehrt. Nach der Professionalisierung, dem Großunternehmertum und der Technologisierung durch von Linde setzt sich jetzt in den 1950er-Jahren ein großkapitalistischer Konzentrationsprozess in den Braubetrieben fort, der in Berlin am 1. März 2010 endet, dem Tag, an dem die Radeberger Gruppe die letzte große Privatbrauerei Berlins übernimmt und umgehend schließt. Ab jetzt gehört auch die 1869 als »Linden-Brauerei« gegründete Brauerei von Bürgerbräu am Müggelsee dem Lebensmittel-Konzern von Dr. Oetker in Bielefeld (siehe dazu Seite 89 über die Radeberger Gruppe und Seite 163 über die heutige Museumsanlage von Bürgerbräu).

Der Maischebottich und sein Rührwerk in der Museumsbrauerei von Bürgerbräu

Wer nun in Berlin ein Bier aus Berlin trinken will, hat fortan kaum mehr eine Wahl. Oder? Der grandiose René Goscinny hätte es vielleicht so formuliert: Wir befinden uns im Jahre 2015 n. Chr. Ganz Berlin ist von den Radebergern besetzt … Ganz Berlin? Nein! Ein von unbeugsamen Brauern bewachtes Handwerksgewerbe hört nicht auf, dem Eindringling Widerstand zu leisten. Und das Leben ist nicht leicht für die Radeberger Legionäre, die als Besatzung in den befestigten Lagern von Weißensee sitzen …

Die Pioniere des Berliner Brauwesens

Berlins große Brauereien entstehen immer schon in Stadtrandlage, bevorzugt auf den »Bergen« der Stadt. Das sind jene flachen Höhenzüge aus Mergelböden nördlich und südlich der Spree, die die Eiszeitgletscher hier geformt haben. Heute nennen wir die Anhöhen nur noch selten Barnim-Höhe und Teltow-Rücken, sondern viel geläufiger Prenzlauer Berg, Pfefferberg, Kreuzberg, Tempelhofer Berg oder Rollberg.

Die Berglagen haben mehrere Vorteile für die Brauer: Die Wasserqualität ist höher als im ebenen und dichter besiedelten Zentrum und die direkte Umweltbelastung durch Gerüche und Abwässer ist geringer. Die Bodenschichten der umliegenden Anhöhen eignen sich besser zum Anlegen von Eis- und Gärkellern als die dünnen Sandschichten in der Ebene. Mehr noch: Eine Brauerei ist nicht einfach eine Bierherstellungsanlage. Eine Brauerei ist ein komplexer und eng vernetzter Gewerbehof. Ein Brauereigelände muss neben Sudhaus, Lagerstätten und Abfüllung reichlich Platz bieten für den Böttcher, der die Fässer baut und repariert, für die Pferde, für den Mälzer, den Schmied, den Kellermeister, den Kutscher, den Gürtler und weitere Handwerksbetriebe. So viel Platz gibt es nicht in der Innenstadt.

Eine der ersten Großbrauereien lässt Georg Leonhard Hopf zwischen Weinbergen und Kasernen am Tempelhofer Berg errichten. Die Hopf'sche, die Monopol- und Habels Brauerei sind heute prächtige Gewerbehöfe im Bergmannkiez. Hopfs Freund und Pionier des Bockbiers in Berlin, Joseph Pfeffer, macht sich 1842 mit einer eigenen Brauerei an der Schönhauser Allee 176 selbstständig, der späteren Pfefferberg-Brauerei. Die Höhe dieses einstigen Windmühlenbergs zieht nicht nur Pfeffer, sondern etliche Brauereien an, wodurch der Prenzlauer Berg heute ein Zentrum der historischen Braustätten Berlins bildet.

Und natürlich gehört auch Jobst Schultheiss zu den Pionieren des Berliner Brauereigewerbes. Auch wenn Schultheiss selbst nur wenige Jahre im Braugeschäft blieb, ist sein größtes Vermächtnis doch sein Firmenname, der bis heute zahlreiche, wenn auch immer weniger Eckkneipen Berlins schmückt. Bis kurz vor der Jahrtausendwende ist Schultheiss Pils das verbreitetste und bekannteste Bier in Berlin. Zwischen den Geschichten der Handwerksbrauer von heute besuchen wir immer wieder die stillgelegten Brauereien aus der Blütezeit des Berliner Brauhandwerks. Mehrere historische Exkursionen begehen daher die bedeutendsten Braustätten des 19. Jahrhunderts, die wir noch heute auf den Anhöhen Berlins und am Stadtrand vorfinden.

KREUZBERG / NEUKÖLLN

Heidenpeters Kreuzberg / Markthalle Neun

Johannes Heidenpeter: »Alles ist Kunst«

»Beim Brauen habe ich ein Bild im Kopf, ja, brauen ist wie ein Bild malen«, beschreibt Johannes Heidenpeter seinen Schöpfungsprozess. »Meine Biere sind auf eine Art auch Kunstwerke«, sagt der gelernte Kunstmaler. Er sitzt auf einem zusammengezimmerten Holzhocker in einer Ecke der Kreuzberger Markthalle Neun. In diesem versteckten Winkel, nahe der beliebten »Kantine«, genau zwischen dem Marktbüro und der Sirene der »Trafo-Warnung«, treffen sich mehrmals wöchentlich Bier-Gourmets, Markthändler und freudige Nachbarn auf ein würziges Pale Ale und zu anderen Gärkunstwerken in »Heidenpeters Bierbar«.

Heidenpeter braut seine Biere in den Katakomben der historischen, schon 1891 eröffneten »Eisenbahnmarkthalle«. Diese wunderbare lichte Halle aus Ziegel, Stahl und hohen Fenstern war die neunte von zwölf Bezirksmarkthallen im dramatisch wachsenden Berlin des 19. Jahrhunderts. Sie atmet die Geschichte des Stadtteils. Nach zahlreichen Turbulenzen bei der neuen Nutzung der Verkaufsflächen gelingt 2011 die weitgehende Auslagerung sich breitmachender Discounter. Der Kiez, Anwohner wie auch Kleinhändler, erobert die Markthalle als eine »Halle für alle« zurück, als einen Ort für »anders essen« und »anders einkaufen«. Schon bald soll das einzigartige Baudenkmal im aufmüpfigen Bezirk »SO 36« auch für »anders trinken« stehen.

»Zur Wiedereröffnung der Markthalle waren zahlreiche Künstler eingeladen«, erinnert sich der Beer Art Director an seine ersten Begehungen der historischen Stätte. »Ich habe damals mit einem Siebdruck-Projekt an dem Event teilgenommen.« Johannes Heidenpeter hatte einst bei einem Schüler von Joseph Beuys die Malerei gelernt. »Die Kunst ist nach wie vor meine Basis«, betont er. Nach dem Studienabschluss lebt Heidenpeter in Schöneberg und tut, was die meisten freien Künstler der Hauptstadt tun. Er macht was nebenbei. »Ich habe mir so ein Braubuch gekauft und einfach angefangen.« In seiner Küche macht der Künstler

Johannes Heidenpeter: Besser trinken in der Markhalle Neun

erste Brauversuche nach den beschriebenen Rezepten, doch schon bald beginnt er zu experimentieren. »Alles ist Kunst, hat Beuys gesagt. Es kommt drauf an, wie du's machst.« Brauen habe ihm so gut getan, dass er tiefer in die Materie eintauchen musste, wie er sagt.

Bald entdeckt er eine leer stehende alte Fleischerei nahe dem S-Bahnhof Schöneberg. »Hier muss meine Brauerei rein!« Heidenpeter ist begeistert. Und entsetzt, als er den Mietpreis für den schön gekachelten Raum erfährt. »Damals habe ich auch meine erste Brauereibesichtigung gemacht, in Hamburg. Das war noch so eine Schrecksekunde, als ich von den hohen Investitionen für eine Brauanlage hörte.« Eine ernüchternde Exkursion: »Ich hatte ja keine Ahnung über zwanzig Liter hinaus.« Zwischenzeitlich träumt er von einer mobilen Brauerei, die im LKW-Anhänger in den Prinzessinnengärten stehen könnte. Erst bei einer Besichtigung der Berliner Kollegen von Hops & Barley spürt er, es geht auch kleiner. Und plötzlich bahnt ihm die Kunst den Weg zu seiner Berufung. Nach der feierlichen Eröffnung der Markthalle Neun bietet Johannes Heidenpeter den Pächtern der Halle eines seiner heimischen Küchenbiere an. Die sind derart angetan von der Kreation,

Mieterkeller 71: Flaschenabfüllung statt Wurstpfanne

dass sie ihrem Siebdruck-Künstler sagen: »Komm, wir gehen mal in den Keller.«

Der Treppenabgang führt zu einer weißen Stahltür, auf der heute ein Schild vor ausgelegten Ködern gegen unerwünschte Nager warnt. Dahinter dröhnen Lüftungsrohre. Alle möglichen Behältnisse säumen den nüchternen Gang unter dem Markt. Neben einem Rollwagen mit ein paar Kisten Bier führen noch ein paar Stufen herab in das moderne Künstleratelier namens »Mieterkeller 71«. »Das sah hier bei meiner ersten Begehung noch völlig anders aus«, erzählt der Brauer Heidenpeter. »Hier waren eine riesige Wurstpfanne und ein Räucherofen installiert. Das musste ich alles rausreißen.« An den Deckengewölben sieht man noch, wie der fette Bratensud der antiken Marktfleischerei behäbig durch die weiße Kalkfarbe sickern will. Johannes Heidenpeter hat nach dem großen Reinemachen gebrauchte Edelstahlkessel aus der Milchindustrie zu beheizbaren Braukannen umgebaut und damit sein eigenes Sudhaus installiert. In einem Nebenraum stehen die Gär- und Lagertanks, alles gebrauchte Gefäße. Preislich »die günstigste Brauerei von ganz Berlin«. Der junge Brauer kann sich anfangs das nötige Geld leihen, muss aber noch reichlich improvisieren, ohne Businessplan und Berufserfahrung. »Am Anfang habe ich allein an das Brauen gedacht, nicht an das Geschäft«, erzählt er. »Ich hatte nie gedacht, dass sich das so entwickeln würde. Aber als ich im September 2012 mein erstes eigenes Bier in der Markthalle gezapft habe, spürte ich, ich habe aus Versehen oder zum Glück meinen eigenen Beruf erschaffen.« Und die Produktion wächst.

»Probier' mal dieses. Das ist mein ›Saison‹, eher ein Bier für Fortgeschrittene.« Der Autor fühlt sich geadelt. 200 Liter hat Johannes Heidenpeter davon gerade gebraut. »Ist es nicht unglaublich frisch?! Es ist so bodenständig, kräuterisch, erdig, das geht in Richtung belgischer Biere, wie Sauerbiere, es hat diese luftige Leichtigkeit. Ich habe es mit Koriandersamen und Orangenschalen gebraut, ein typisches Sommergetränk.« Biertrinken mit Johannes Heidenpeter ist wie ein Galeriebesuch im Land der Gaumenfarben. »Dabei ist Bierbrauen etwas Altes, Archaisches.« Dazu passt seine schlappe Baumwollmütze, Heidenpeters Markenzeichen, gefertigt aus einem Mehlsack von 1865, wie Heidenpeters Hofdesignerin vom Winterfeldtplatz behauptet.

»Seit ich Bier braue, bekomme ich viel mehr direkte Reaktionen. Denn Seele und Arbeit in der Kunst erfahren nur wenig Feedback«, fühlt sich der Sudhausartist heute sichtlich glücklicher als je zuvor. »Seit meinem ersten Ausschank in der Markthalle hat das Bier meine gesamte bisherige Kunstlaufbahn in den Schatten gestellt.« Manchmal trauert er der Malerei nach. »Neulich hatte ich eine Woche Kunsturlaub und nahm an einer Gruppenausstellung in Wolfsburg teil«, die Geburtsstadt des Künstlers. Dort, in seinem temporären Ausstellungsraum in einem alten Schloss, baute er eine Theke samt Zapfanlage in das Zentrum seiner Installation. Es gab Heidenpeters für alle Sinne. Das Bier wird Kunst. Im Gegenzug sollen künftig auch Gemälde seine Ecke in der Markthalle schmücken. Und Bierbar wird Kunstbar.

Mit unbändiger Fantasie arbeitet der Künstler unter den Berliner Brauern, der sympathische Kräuterhexer mit dem unterirdischen Kachelatelier, an seinen nächsten Werken. Das Pale Ale und die süffige Thirsty Lady sind zwar Heidenpeters eigentliche Hausmarken, »doch im Grunde liebe ich dunkle schwere Stouts mit acht bis neun Prozent Alkohol«. Schon liegt mitten im Sudhaus Material für sein nächstes Projekt: ein altes Eichenfass. »Ich erweitere gerade und will dann auch Biere in

Whiskey- und Portweinfässern lagern.« Die Markthalle Neun gibt ihm dazu einen weiteren Kellerraum für die Heidenpetersche Langzeitlagerung im Barrique-Aroma internationaler Destillerien und Bodegas. Vieles ist möglich. Und alles ist Kunst.

STECKBRIEF

Heidenpeters

Markthalle Neun
Eisenbahnstraße 42/43
10997 Berlin
www.heidenpeters.de
Tel. 0176 - 22 29 16 88
U1 Görlitzer Bahnhof

Öffnungszeiten
Heidenpeters Bierbar: Di 14–20, Do 17–22, Fr 14–20, Sa 12–20 Uhr

Die Brauerei
Kellerbrauerei mit Marktausschank seit 2012

Der Brauer
Johannes Heidenpeter
Bierkünstler
geboren 1979 in der Nähe von Wolfsburg
in Berlin seit 2005

Seine Biere
Pale Ale und saisonale, meist hopfenbetonte Biere

Sein Lieblingsbier
»Schwierig. Es gibt so viel tolles Bier!«

Brauhaus Südstern Neukölln / Hasenheide

Helmut Kurschat: Von der Lumpenpuppe bis zur Hasenheide

Helmut Kurschat ist ein echter Berliner Tresen-Jockey. Schon seit rund 35 Jahren betreibt er Kneipen in Berlin. Darunter berüchtigte Schuppen wie die kollektiv geführte »Lumpenpuppe« am Maybachufer. Da muss man schon in die feuchten Tiefkeller des Internets klettern, um zumindest mal eine Doppelkopfrunde zu finden, die sich an diesen Laden noch erinnert: »Anfang der 90er: Einstieg Angie, Hetty ... Wechselnde Spielorte: ›Rattenkeller‹ am Spreewaldplatz, ›Lumpenpuppe‹ am Maybachufer ... Karin stieg nach der ersten Nacht in Wannsee wegen der Kälte aus ...« Diese Doko-Runde spielt übrigens immer noch, mittlerweile donnerstags in der »Turnhalle« in Friedrichshain. Später dann betreibt Kurschat die »Phoenix Lounge« in Schöneberg und das »Marx« am Spreewaldplatz, nicht weit von besagtem Rattenkeller.

2005 schließlich übernimmt er eine leer stehende Kneipe am Südstern, auf der Neuköllner Straßenseite der Hasenheide, direkt am Park mit kleinem Biergarten zum Wald und scheuen Betäubungsmittelhändlern im raschelnden Dickicht. »Der Laden hier war einmal durch«, erinnert sich Kurschat und meint: »Das war völlig anders aufgeteilt. Ich musste den Tresen umbauen, alles von Grund auf renovieren.« Das Besondere: es stand noch eine brauchbare, aber völlig verdreckte Brauanlage in der Kneipe. »Ich habe den alten Eigentümer gefragt, wer diese Anlage früher betrieben hat«. Helmut Kurschat erinnert sich an dieses Schlüsselerlebnis seiner gastronomischen Laufbahn. »Es war am 31. Mai 2005.« Der Tag, an dem Helmut Kurschat zum Telefon greift. Am anderen Ende der Leitung antwortet: Thorsten Schoppe – der Brauer, der so häufig wie kein anderer in diesem Buch vorkommt, und der natürlich ein eigenes Portrait auf Seite 110 bekommt. Schoppe, der alte Südstern-Brauer, der die Anlage nun wieder auf Vordermann bringt und tut, was er am besten kann: brauen. Was das Zeug hält.

»Die Skandinavier schätzen unser Bier besonders, die kennen sich mit Craft Bier aus.« Kurschat ist froh, dass er in seiner ziemlich großen Kneipe neben Gästen aus dem Kiez auch immer wieder Touristengruppen

Helmut Kurschat im Garten: »Die Skandinavier lieben unser Bier«

bedienen kann. An einigen verzweifelt er aber auch: »Manchmal hast du 50 Brasilianer im Haus, die im Reisepaket ein Drei-Gänge-Menü gebucht haben und dann den ganzen Abend Leitungswasser dazu trinken.«

Das Brauhaus Südstern liegt ganz nah an einem historischen Braustandort. Im 19. Jahrhundert siedelten sich mehrere Brauereien an der Hasenheide an. Die größte war die 1863 gegründete Bayrischbierbrauerei Louis Gratweil, die spätere Berliner Unionsbrauerei. Diese hatte nicht nur riesige Festsäle und ein Dutzend Kegelbahnen, sondern auch einen Biergarten, der sich bis zur Urbanstraße erstreckte und Platz bot für sage und schreibe 12000 Gartengäste! Der Brauerei-Historiker Arthur Benninghoven schwärmte um 1900 von solchen Momenten, »wenn an lauen Sommerabenden elektrisches Licht das in allen Nüancen schimmernde Grün der Baumkronen zauberisch erleuchtet und bei Klängen der Musik eine frohbewegte Menge den Garten belebt und sich an dem köstlichen braunen Trank der Brauerei erquickt …«

Leider sind die Brauereien der Hasenheide heute nahezu vollständig verschwunden. Helmut Kurschat hat trotzdem etwas zur Geschichte des

Hauses recherchiert, das heute sein Brauhaus aufnimmt. Ein typisches Gründerzeithaus von 1898, das schon um 1910 im Erdgeschoss Caféhaus war. Hier versammelten sich später Sozialisten in der »Casaleon« zum Tanztee, in braunen Jahren die Nationalsozialisten und in den Besatzerjahren machten es die Amerikaner zu einem stadtbekannten Rock 'n' Roll-Club.

»Mehrmals im Jahr kommt noch heute ein altes Paar in die Kneipe, das hier vor Jahrzehnten seine Hochzeit gefeiert hat«, erzählt Kurschat. »Der Club ging über zwei Etagen, wie sie erzählen, und war berüchtigt für das Tanzen auf dem Glasboden.« Nachdem das Casaleon als Tanz- und Konzertort ausgedient hatte, zog eine Pizzeria ein. Und später die Sozialistische Einheitspartei Westdeutschlands, die hier ihr Parteilokal einrichtete.

Heute, nach wilder Geschichte, ist das Brauhaus Südstern ein guter Ort, um kleine Konzerte zu besuchen, Fußball auf der großen Leinwand zu schauen, an einem Braukurs teilzunehmen oder sommertags im kleinen Biergarten von dem ganz großen Biergarten zu träumen. Den Rest

Papstpils: Südstern-Sonderedition 2011 zum Besuch von Benedikt XVI.

besorgt Thorsten Schoppe mit Hellem, Dunklem oder seiner Weiße. Ein Spezialbier aus dem Südstern wurde sogar mal berühmt: Das »Papstpils« von 2011 schaffte es aus aktuellen Gründen zu Tom Buhrow in die Tagesthemen. Es war ja auch ein »schönes herbes und beseeltes Bier, gebraut unter gregorianischen Chorälen bei Vollmond«, wie der Brauer verrät.

STECKBRIEF

Brauhaus Südstern

Hasenheide 69
10967 Berlin
www.brauhaus-suedstern.de
Tel. 030 - 69 00 16 24
U7 Südstern

Öffnungszeiten
Im Sommer: Mo–Sa ab 14, So ab 12 Uhr
Im Winter: Mo–Fr ab 17, Sa ab 14, So ab 12 Uhr

Die Brauerei
Gasthausbrauerei seit 2001, seit 2005 neu als Brauhaus Südstern

Der Brauer
Thorsten Schoppe (Portrait Seite 110)

Der Brauhausbetreiber
Helmut Kurschat
geboren 1957 in Bietigheim bei Ludwigsburg
in Berlin seit 1977

Seine Biere
Heller Stern, Dunkler Stern, Stern Weisse, wechselnde Spezialbiere

Seine Lieblingsbiere
»Unsere Stern Weisse, gerne fränkische Braukunst und Biere mit höherem Hopfenanteil.«

Braukursus mit Diplom-Braumeister Thorsten Schoppe

Von der Mikrobrauerei zur eigenen Kellerbrauerei – Ein Selbstversuch

»Guten Morgen, liebe Braugemeinde!« Es gibt Kaffee, Rockmusik und eine 16-seitige Lehrgangsbroschüre, als der Diplom-Brauer Thorsten Schoppe im Brauhaus Südstern seinen Braukursus begrüßt. »Erfahrungsgemäß seid ihr Kursteilnehmer schlecht informiert. Aber einige Damen heben das Niveau.« Der Charme der Hopfenblüten. In den Bankreihen der Kneipe drängen sich 22 Männer und drei Frauen.

Thorsten Schoppe kennt nach etlichen Tagesseminaren zum Erlernen der Heimbraukunst seine Pappenheimer: »Hier saßen schon Wahnsinnige, die am nächsten Morgen eine internationale Brauerei eröffnen wollten«, plaudert der breite, muskulöse Brauer mit dem Super-Gersten-»S« auf der Brust aus seinem Nähkästchen. »Natürlich dürft ihr hier trinken. Aber es ist ein Brauseminar, kein Zechertreffen.« Ein scannender Blick in die Runde. »Es geht darum, auf einfache Weise selbst Bier brauen zu können.« Heutiges Tagesziel ist der Ansatz von gut 30 Liter Bier.

»Zuhause braucht ihr einen Topf. Egal welchen. Es kann auch ein Einkoch- oder Glühweintopf sein«, beginnt Schoppe vor seinen ziemlich großen eigenen Töpfen, dem Läuterbottich und der Sudpfanne im Schankraum des Südsterns, und legt noch einen Wachmacher nach: »Der Zeitaufwand für 10 Liter Bier und für 10000 Liter Bier ist in etwa gleich.« Na dann.

Nun beginnt eine wundersame Reise von der Ernte der Gerste bis zum Frischgezapften an der Theke. Wir zünden den Gasbrenner und setzen unser Brauwasser an. Eingehend erläutert Schoppe zunächst das Malzen, das Schroten und das Maischen. Bei Stammwürze, Zuckergehalt und Gärtemperaturen rauchen die ersten Köpfe, da es für einen Samstagmorgen doch ziemlich biochemisch daherkommt. Doch auch im theoretischen Teil hält Schoppe seine Schützlinge bei der Stange, etwa mit einem Diskurs zu seinem Lieblingsthema Wasser.

Lehrmeister Thorsten Schoppe: Die Freilegung der Riecharomen

Denn Wasser wird gnadenlos überschätzt, lerne ich. »Bei uns ist Wasser nicht das Wichtigste zum Brauen«, sagt Schoppe. »Über unsere Trinkwasserverordnung sind bereits alle vom Brauer gewünschten Basiswerte abgesichert.« Interessant für den Brauer seien allenfalls der Härtegrad und der Mineraliengehalt des Wassers: »Mineralien beeinflussen Effektivität und Geschmack.« Nicht genug: »Das ultimative Bierbrauwasser gibt es nicht. Pils und Helles wollen weiches Wasser, rote Biere eher härteres Wasser. Jeder Biertyp ist da anders, aber bei uns reicht das Leitungswasser problemlos zum Brauen.«

Es ist nahezu unausweichlich, dass an dieser Stelle des Lehrgangs eine schlau gemeinte Frage zum Brauwasser kommen muss. Denn dem erfahrenen Fernsehzuschauer spült es hierbei die lauschigen Bilder des bläulich in der Sonne glitzernden Bergsees aus der Werbung ins Bewusstsein. Schoppe kennt die Frage. »Also wir hier im Südstern fahren einmal die Woche mit dem Tanklastzug nach Krombach, bringen von dort das frische Felsquellwasser nach Berlin und pumpen es dann in unseren hauseigenen Marmorfelsenkeller unter der Brauerei.« So. Zum Wasser keine weiteren Fragen. Wir füllen das geschrotete Malz in unseren Bottich und verrühren es mit dem großen Braulöffel.

Im Weiteren geht es durch den Garten der Sinne. Schoppe erläutert verschiedenste Aromahopfen und Bitterhopfen, wichtig für den Charakter des Biers, aber auch für den Schaum auf dem Glas und die natürliche Konservierung. Ging es beim Mälzen noch um die pragmatische »Gewinnung von Enzymen und den Abbau von Zellwänden und Gerüstsubstanzen«, so ist doch der Hopfen »eine Rebenpflanze, die äußerlich dem Wein ähnelt, jedoch näher mit dem Hanf verwandt ist … nur die weiblichen Blütenstände werden zu Brauzwecken verwendet«. Nicht zuletzt war das Brauen bis vor 200 Jahren in Berlin vor allem Frauensache.

Mit der Hefe ist es nicht weniger kompliziert. Den lebensmitteltechnischen Parcours von Stärke, Zucker und Eiweißen, von Gerbstoffen und Vergärungstemperaturen wollen wir hier im Windschatten wunderschöner Sätze von Thorsten Schoppe behutsam umgehen, etwa diesem hier: »Schaum entsteht durch Kohlensäure-Entbindung und er legt auch Riecharomen frei. Der Rest ist Ästhetik und Kultur.« Darauf gibt es erst einmal ein Frisches vom Fass, ein »Heller Stern« aus Schoppes Südstern-Edition. »Bier hat übrigens relativ wenig Kalorien.« Genau das wollten wir vom Meister hören. »Aber große Mengen von Bier und das Zusätzliche – Bier ist nämlich ein großartiger Appetitanreger – führen zu dem berüchtigten Übermaß an Kalorien.« Das nicht.

Wir lernen noch Vieles an diesem Tag, etwa dass der Brauer zu 80 Prozent seiner Zeit Kessel und Geräte reinigt, weswegen im Brauhaus auch gerne Praktikanten genommen werden. Nein, die Brauwelt ist nicht immer schön. Das Bier hat auch Feinde: Die böse Milchsäure mit ihren gefährlichen Keimen ist sein größter Schädling. Und ein Braumeister kann an die Decke gehen, wenn der Lehrling den Läuterbottich nicht geputzt hat: »Stehengebliebener Treber riecht schon bald so in Richtung Erbrochenes, um es mal positiv auszudrücken.« Bald ist auch unser Bier fertig. Natürlich können wir auf Gärung und Lagerung nicht warten. Aber man kann wiederkommen zum Probieren.

Nach sechs Stunden inklusive deftigem Mittagstisch naht das Ende des Kurses, und Thorsten Schoppe erläutert noch das Juristische. »Wenn ihr jetzt zu Hause brauen wollt, müsst ihr eure Braustätte beim Hauptzollamt anmelden. Die Biersteuer müsst ihr zwar erst entrichten, wenn ihr mehr als 200 Liter pro Jahr braut. Aber bei einer Überprüfung der Heimbrauerei werden die Zöllner sicher nach dem Sudbericht mit dem Eintrag der Stammwürze fragen.«

Viel Stoff. Eine lehrreiche und spannende Reise zu einem Produkt, das der gemeine Bierliebhaber vor allem im Endstadium kennt, also in dem des Produktes. Thorsten Schoppe versteht es, die Faszination Brauen mit seinem beeindruckenden Fachwissen, mit ganz praktischen Tipps und trockenem Humor an Mann und Frau zu bringen.

Die Teilnehmer kommen etwa zur Hälfte von auswärts. So ein Braukurs ist offenbar ein beliebtes Geburtstagsgeschenk vornehmlich für Männer oder auch, wie böse Zungen behaupten, die ideale Möglichkeit, den Ehemann bis zum Beginn der Sportschau bei Bier und Bildung abzustellen, um in Ruhe am Ku'damm shoppen zu gehen.

STECKBRIEF

Braukurse

Brauhaus Südstern
Hasenheide 69
10967 Berlin
Tel. 030 - 69 00 16 24
Termine und frühzeitige Anmeldung:
www.brauhaus-suedstern.de

Kursgebühr
z. B. für ein Tagesseminar inkl. Kursunterlagen, Mittagessen und Bier: 65 Euro

Teilnehmerzahl
bis ca. 30

Kursleitung
Diplom-Brauingenieur Thorsten Schoppe

Braukurse u. a. auch bei Flessa Bräu, im Brauhaus in Spandau und an der Alten Börse Marzahn

Spent Brewers Collective
Kuckucksbrauer in Neukölln

Sören Hars: Kleinbrauer aller Länder, vereinigt euch!

Einen Diplom-Sozialarbeiter mit Studienschwerpunkten Sozialphilosophie, Soziologie und Sozialpsychologie darf man getrost als Quereinsteiger bezeichnen, wenn er heute braut. Das tut Sören Hars von Spent, gebürtiger Hamburger, der in Kiel studierte. Das mit dem Diplom-Abschluss ist ihm sehr wichtig: »Ein richtiges Diplom, kein Master! Ich habe damals selbst noch Großdemos im Anti-Bologna-Bündnis organisiert«, gibt Hars sich kämpferisch. »Die Verschulung der Hochschulen bedeutet die Entpolitisierung der Studenten.« Und so schreibt er wenig überraschend seine Abschlussarbeit in Kiel über »Gesellschaftliche Funktionen sozialer Arbeit unter kapitalistischen Produktionsverhältnissen«. Klingt wie von 1976, ist aber von 2010.

»Wir könnten niemanden zum Bierausliefern einstellen. Wir werden niemals Lohnabhängige beschäftigen. Denn wir sind ein Kollektiv und Teil einer solidarischen Ökonomie«, stellt Sören Hars klar. »Bei der Gründung unseres Bier-Labels hat jeder 125 Euro auf den Tisch gelegt. Jeder ist Teil des Unternehmens. Es gehört allen Beteiligten.« Ganz ohne Kapitalstock geht die Produktion natürlich nicht an den Start, aber da helfen dann Freunde und Freundesfreunde.

Das Bier ernährt die Kollektiv-Brauer noch nicht, weswegen Hars auch noch in einer Kinderwohngruppe in Lichtenrade bei einem Träger der Suchthilfe arbeitet. Auf Dauer sieht er sich aber nicht als Sozialarbeiter. »Ich will einfach was Handfestes machen, was Greifbares«, beschreibt er seine Vision vom Kleinbrauer. »Ich muss etwas in die Hand nehmen und daran rumschrauben. Beim Brauen habe ich das gefunden, wo man mit den Zutaten und dem Verfahren das Bier direkt verändern kann.«

Begonnen hat Hars mit kleinen Kursen zum Brauer und Mälzer an der VLB, der Versuchs- und Lehranstalt für Brauerei in Berlin. Später macht er ein Praktikum bei Thorsten Schoppe im Brauhaus Südstern. Als Sören Hars und seine Freunde im Herbst 2013 bei Brauexperimenten im heimischen Keller ein granatenscharfes Bier gelingt, gründen sie Anfang 2014 das Spent Brewers Collective. Die Mitglieder des Kollektivs sind jedoch keine reine Laienschar. Mit dabei ist Pessi Virta, ein Finne, der in Schottland zum Brauer und Destiller ausgebildet wurde und heute an der TU »Beverage Technology« studiert, ein – Pardon – Master-Studium.

»Bis heute ist unser wichtigstes Bier das Red Oat Ale, unser Flaggschiff. Es ist ein hopfengestopftes Red Ale, im Grunde ein Hybrid, eine Kreuzung aus Red Ale, British Bitter und American Westcoast IPA«, verrät Sören Hars.

Noch reicht das Geld nicht zur eigenen Brauerei. Daher sind die Spents sogenannte Wander- oder Kuckucksbrauer, die ihre Rezepte in fremden Töpfen aussieden. Mal brauen sie bei Thorsten Schoppe, mal in der Bierfabrik in Marzahn, aber auch außerhalb an Michael Schwabs BrewBaker-Standort Luckenwalde oder in einer Privatbrauerei in der dänischen Kleinstadt Skjern. Spent verkauft Bier in Berlin, aber auch anderenorts, etwa in Hamburg und Kiel.

»Wir müssen halt immer sehen, wo wir freie Kapazitäten in anderen Brauereien finden. Wichtig ist, dass wir immer konzernunabhängig bleiben«,

Mathias Peisker und Sören Hars: »125 Euro auf den Tisch«

Spent-Biere: Gebraut nach dem Gleichheitsgebot

sagt Hars. »Irgendwann eröffnen wir unsere eigene genossenschaftliche Brauerei. Ohne Chef. Sie wird allen gehören. Gleiche Löhne für alle!« Am liebsten sind ihnen Kunden, die ähnlich ticken. »Wir brauen, wenn möglich, für andere Kollektive, für Linke, Alternative, Künstler und Punks.« Im Bewusstsein einiger Linker und Punks müsse sich vielleicht noch etwas ändern, bis sie bereit sind, für gutes Bier auch mehr auszugeben. Es grüßt das »Sterni« vom Späti um die Ecke.

»Klar, wir sind Craft Bier-Brauer. Das machen wir auch sehr gerne. Aber wir müssen nicht das x-te Label der Craft Bier-Bewegung sein«, erklärt Hars. »Wir machen noch nicht einmal ein IPA. Ich bin etwas vorsichtig bei dieser Entwicklung. Ich glaube, der Craft-Boom in den USA ist so nicht auf Deutschland zu übertragen. Vielleicht verschätzen sich die Investoren von Stone Brewing in Berlin da etwas.« Die Kalifornier werden bestimmt auch viele Lohnabhängige in ihrer Mariendorfer Brauerei beschäftigen.

»Spent« kommt vom englischen »spent grain«, das verbrauchte Korn, der Treber, der im Sud zurückbleibt und häufig von Bauern zur Tierfütterung

Bio-Roggenmalz

abgeholt wird. »Hier schließt sich ein Kreislauf. Wie bei uns. Wir stehen solidarisch zusammen. Wir schonen Ressourcen und Umwelt. Wir setzen auf Netzwerke ohne Konkurrenz und Profitgier«, beschreibt Sören Hars die Philophie des politischen Brauprojektes.

Nur manchmal, erzählt der dritte Genosse des Kollektivs, Mathias Peisker, spiele die Natur nicht mit. »In unserer dänischen Brauerei ist im Sommer nach schweren Regenfällen der Dorfteich übergelaufen.« Das war drei Tage, bevor der Lastwagen mehrere Paletten von Spents Bloom's Beer und Red Oat Ale abholen wollte. »Der Lagerkeller der Brauerei stand komplett unter Wasser. Wir mussten alles wegkippen. Eine Katastrophe.«

STECKBRIEF

Spent Brewers Collective

Voigtstraße 36
10247 Berlin
www.spentcollective.de
Tel. 0157 - 03 01 32 55

Die Brauerei
Wanderbrauerei seit 2014

Das Braukollektiv
Sören Hars
geboren 1982 in Hamburg
in Berlin seit 2011

Pessi Virta, Brauer und Destiller
geboren 1988 in Helsinki, Finnland
in Berlin seit 2011

Mathias Peisker
geboren 1983 in Berlin-Prenzlauer Berg

Ihre Biere
Red Oat Ale, Bloom's Beer – ein Hopfengestopftes Helles American Style Amaranth Lager, Maple Walnut Stout, das starke Schwarze und Saisonbiere wie das Gruit nach mittelalterlicher Rezeptur

Ihre Lieblingsbiere
»Natürlich unser Red Oat Ale!« Ansonsten mag Sören Hars IPAs wie das schottische BrewDog Punk. Mathias Peisker ist im Grunde Pilstrinker und stiller Verehrer des »Heimat«-Weizenbiers der Berliner Bierfabrik. Pessi Virta mag fast alle American Style IPAs.

Privatbrauerei Am Rollberg Neukölln / Kindl-Areal

Wilko Bereit: Metallica im Kesselhaus

Die Fußball-Weltmeisterschaft 2006 in Deutschland, jenes legendäre »Sommermärchen«, das für das deutsche Team so schmerzhaft in der Schlussphase des Halbfinales gegen Italien endete, hatte noch ein gehöriges Nachspiel. Nach jenen durchzechten Fußballwochen, in denen das Bier in Berlin so schlecht gewesen sein soll wie nie zuvor, kam es in der Kreuzberger Graefestraße im »Room 77« zu einer wegweisenden Begegnung. An einem Spätsommerabend kamen ein frustrierter Brauer und ein betriebsmüder Bierkutscher »wie die Jungfrau zum Kind«, so erzählen sie. Dieses Kind, so viel sei schon mal verraten, ist heute trotzig, frech und rege. Es heißt »Rollberg« und schäumt vor Freude in mittlerweile 70 Gastronomiebetrieben der Hauptstadt.

Der Braumeister des kleinen Rollberg ist Wilko Bereit, einer der letzten, die noch beim Berliner Bürgerbräu am Müggelsee ausgebildet wurden. Nach dem Abschluss geht er auf die große Reise durch die kleinen Brauereien, erst zu Georgbraeu im Nikolaiviertel, dann zu Lemke und schließlich sogar in die Schweiz, eine quälende Suche nach dem Sinn des Brauens. Schließlich, nach über 1500 Suden steht der kesseldruckerprobte Heavy Metal-Fan vor keiner leichten Entscheidung: Entweder eine Umschulung oder etwas Eigenes riskieren. Wilko Bereit greift zum Telefon und ruft seinen alten Bekannten Nils Heins vom Getränkegroßhandel Welifa an.

»Zuerst wollten wir nach Kreuzberg«, erzählt Nils Heins. »Die Suche nach einem passenden Ort für unsere Brauerei war nicht einfach. Du musst so vieles bedenken, die Lage, die Größe, die Höhe der Räume. Die Bodenbelastbarkeit, Gas, Wasser, Gesundheitsamt, die Nachbarn.« Von Anbeginn wollten die beiden keine Gasthaus-, sondern eine Vertriebsbrauerei gründen. »Als sie uns nach Monaten einzig eine Bruchbude in der Köpenicker Straße für 10 Euro Kaltmiete pro Quadratmeter anboten, war Kreuzberg für uns gestorben.« Und Weißensee war ihnen zu weit draußen.

Das Gelände der ehemaligen Großbrauerei Kindl im Neuköllner Rollberg-Kiez wechselt zu der Zeit gerade die Besitzer wie Verfolgte die

Wilko Bereit: Power-Brauer mit Machine Head

Straßenseiten. Nach reichlich Verhandlungs-Hickhack und unseriösen Angeboten aus der Brauereiwirtschaft, wie sie erzählen, erhalten die beiden tatsächlich einen Mietvertrag in diesen historischen Räumen: Sie bekommen anfangs sogar das gewaltige, alte Kesselhaus als Filetstück der Brauerei zugesprochen. Gelandet sind sie schließlich aber im Antriebsraum des alten Sudhauses, heute der lieb gewonnene Bierbeschallungsraum des Braumeisters. Denn Wilko Bereit braut selbst die leichten Biere nur unter schwerer Musik, mittlerweile seit 2009.

Das Rollberg-Sudhaus liegt unter der alten, kupfernen, 70 000 Liter fassenden, denkmalgeschützten Sudpfanne aus der frühen Kindl-Produktion. Wie ein Ufo scheint die antike Megapfanne zwischen den andächtig ausgebreiteten Tüchern mit Hardcore- und Metal-Motiven landen zu wollen. Der Meister nutzt hier übrigens ein »esoterisch gepimptes« Brauwasser, das mit dem System der »Grander Wasserbelebung« aus der Schweiz zu ganz neuen Biersphären vordringen soll. Unerforscht sind hingegen die Auswirkungen der Schallwellenbehandlung mit Social Distortion, Machine Head und Madball.

Rollberger Kesselhaus: Unter Alt macht Neu

Kurios ist die Brauanlage. Während eine neue Anlage heutzutage schnell einen sechsstelligen Betrag kosten kann, entdecken die findigen Firmengründer vom Rollberg auf der Online-Plattform »Braulotse« ein echtes Schnäppchen. Dort stoßen sie auf dem Marktplatz der Community für wenig Geld auf eine nagelneue Brauanlage, die halt nur 14 Jahre in drei Überseecontainern im Hafen gelegen hatte. Irgendwo in der Welt sind kurz vor der Jahrtausendwende offenbar Menschen auf dem Trockenen geblieben. Heute stehen bei Rollberg für Sud, Gärung und Lager insgesamt 14 Kessel und Tanks im Keller, und die Jahresproduktion von 3000 Hektolitern ist bald ausgelastet. Rollberg füllt dabei ausschließlich in Fässern ab. Die Fassreinigung ist gleichzeitig die einzige nicht-manuelle Anlage im Brauhaus.

»Wir sind die ersten, die eine alte Brauerei in Berlin wiederbelebt haben«, erzählt der stolze Geschäftsführer Nils Heins. »Und wir sind mittlerweile die zweitgrößte Vertriebsbrauerei der ganzen Stadt.« Auf die größte ist man hier nicht gut zu sprechen. Von der konventionellen Massenbierproduktion wollen die beiden Rollberger ohnehin nichts mehr wissen, seit sie am Rande eines großen Heavy Metal Open Airs einen Spaziergang machten: »Neben dem Gelände des Wacken-Festivals haben wir einen Weizenbauern getroffen. Der erzählte uns, dass er siebenmal im Jahr mit Chemie über die Felder fährt. Dazu würde er die Nachbarn immer frühzeitig warnen, dass sie die Hunde im Haus lassen und die Fenster schließen. Wir waren entsetzt.« Das war der Moment, als die Rollberger beschlossen, mit biologischem Getreide zu brauen.

Natürlich, fein und immer rockig: Rollberg-Bier

»Ich musste zum Test immer wieder Körner kauen, quasi eine Maische im Mund vollführen«, erzählt Nils Heins. »Und keine Frage, die Biokörner waren immer besser als die gespritzten konventionellen.« Daher sind heute nahezu alle Zutaten der kleinen Privatbrauerei biologisch. Die Malze kommen aus der Bamberger Malzfabrik Weyermann, die sich etlicher Biozertifikate und des »größten, selbst produzierten Sortenspektrums der Welt« rühmt. Eine einzige bei Rollberg verwendete Malzsorte, das »Weizenmalz dunkel«, gibt es noch nicht in Bioqualität. Ein eigenes Bio-Zertifikat strebt die Neuköllner Biermanufaktur aber ohnehin nicht an. Zu aufwendig und teuer sei das. So bezeichnen sie das eigene Label heute als »Finest Natural Bier«.

Die Gastronomiekunden von Rollberg sind verrauchte Szenekneipen ebenso wie feine Restaurants. »Immer mehr unserer Hotelkunden gehen dazu über, am Fass nur noch Rollberg anzubieten«, freut sich der Vertriebsleiter Nils Heins. »Konservative Biere langweilen auch uns.« Zu den Standards von Rollberger Hell und Rot kommen saisonal wie bei vielen anderen Mikrobrauern auch ein kräftig herbes Märzen, ein Hefeweizen und natürlich der Maibock dazu.

Anstich neuer Biere ist traditionell in der hauseigenen Schankstube »Am Sudhaus 3«, welch charmante Adresse. Sie ist ein sachlicher Bewirtungsraum, der unter einem riesigen vernieteten Stahlkranz liegt, dem Boden des alten Läuterbottichs von Kindl. »Das war hier nur als kleine Probierstube gedacht«, unterbricht Heins das Staunen. »Schreibe besser nichts von Gastronomie. Wir machen Vertrieb.« Dieser sehr authentisch schlichte Schankraum mit seinen ungeschönten industriekulturellen Akzenten, gedämmtem Licht, kühlem Qualm und großen Fensterscheiben mit Blick auf die tiefer liegende Brauanlage öffnet leider nur dreimal die Woche in den Abendstunden. »Aber wir rufen hemmungslos um 23 Uhr zur letzten Runde, auch wenn die Hütte voll ist.« Very british.

Eine Begegnung mit den alten Brauherren von Kindl steht vielleicht doch noch ins Haus. Im Herbst 2014 ist die Privatbrauerei Am Rollberg von einer riesigen Baustelle umgeben. Hier sollen 120 Wohnungen, Lofts und Townhouses entstehen nebst einem modernen Kunsthaus im alten Kesselhaus. Und es heißt, dass in der geplanten Gastronomie des Kunsthauses, da das Areal nun mal als »ehemaliges Kindl-Gelände« denkmalgeschützt ist, nur Kindl-Biere ausgeschenkt werden dürfen. Obwohl die Gebäude gar nicht mehr Kindl gehören. Das hieße, die heutigen Brauer, die Wiederbeleber der alten Tradition an diesem Ort, müssten aus dem Fenster zusehen, wie aus der großen Radeberger-Brauerei aus Alt-Hohenschönhausen das ungeliebte Kindl-Bier herangekutscht wird. Nicht auszuschließen, dass sich in der Neuköllner Szene daran Protest entflammt, vielleicht eine Revolte wie 1894 beim großen Berliner Bierboykott.

STECKBRIEF

Privatbrauerei Am Rollberg

Am Sudhaus 3
12053 Berlin
www.rollberger.de
Tel. 030 - 68 08 45 77
U8 Boddinstraße

Öffnungszeiten
Schankstube: Do 17–23 Uhr, Fr + Sa 17–24 Uhr

Vortrag und Führung durch die historischen Kindl-Keller mit den Berliner Unterwelten e. V., »Tour K«, jeden Sa von 17–19 Uhr ab Schankstube

Die Brauerei
Vertriebsbrauerei mit Schankstube

Der Brauer
Wilko Bereit
Braumeister
geboren 1972 in Berlin-Neukölln

Seine Biere
Rollberger Hell, Rollberger Rot (Export) und Saisonbiere wie Märzen, Maibock, Doppelbock-Rollator oder auch ein Weizen

Seine Lieblingsbiere
»Natürlich unsere Biere, am liebsten Pils. Aber mein Prof an der Uni sagte immer: ›Freibier ist das beste Bier‹.«

Historische Brauereien in Schöneberg, Kreuzberg und Neukölln

Der Teltow-Rücken ist der südliche Rand des Urstromtals, das die Eiszeitgletscher vor über 20000 Jahren in der Mark formten. Er besteht aus einer weiten Anhöhe mit flachen Hügeln, durchzogen von einzelnen eiszeitlichen Rinnen. Dieses »Gebirge« streift das heutige Berlin grob vom Wannsee im Westen bis zum Müggelsee im Osten. Auf den zentrumsnahen Ausläufern dieses Bergrückens erheben sich Berlins Berge des Südens. Sie sind im 19. Jahrhundert begehrte Standorte zur Errichtung großer Brauereien und ihrer Gär-, Eis- und Lagerkeller.

In **Schöneberg** war die dortige **Schloßbrauerei** einst die bedeutendste. Von ihr ist noch die alte Mälzerei erhalten. Das imposante rote Backsteingebäude im Neorenaissance-Stil, das seit 1984 unter Denkmalschutz steht, wurde 1899 in Lichtenrade nahe dem Bahnhof fertiggestellt. Die **Mälzerei** in der Steinstraße dient heute als Lagerstätte und wartet auf ein neues Nutzungskonzept. Erhalten ist daneben die noch ältere Probierstube der Brauerei, das Fachwerkhaus vom ehemaligen »Wirthshaus Lichtenrade«, nach dem Zweiten Weltkrieg unter den Namen »Haus Ruhr« und »Landhaus Lichtenrade« geführt. Das etwas verwaiste Gasthaus ist zurzeit nicht bewirtet.

Schon auf Tempelhofer Terrain befindet sich die 1914 erbaute **Alte Mälzerei der Schultheiss AG**. Sie ist ausführlich in der Begehung der »Malzfabrik« auf Seite 154 beschrieben.

Am **Kreuzberg** findet sich die **Tivoli-Brauerei** auf der Südseite des heutigen Viktoria-Parks, Methfesselstraße. Sie geht zurück auf die sehr frühe Gründung des Tivoli-Biergartens auf dem Kreuzberg im Jahr 1829. Die Brauerei selbst entstand erst um 1860. Mit der Einführung der Eismaschinen in den Berliner Brauereien zeigte sich Schultheiss Ende des 19. Jahrhunderts hoch interessiert am Tivoli. Das Großunternehmen vom Prenzlauer Berg erwarb schließlich das komplette Areal und baute es als »Schultheiss Abteilung II« zu seinem erfolgreichsten Standort in der Firmengeschichte aus. Die Brauerei schloss erst 1994. Bedeutende Teile der alten Brauerei sind hochwertig saniert. Zusammen mit modernen

Habels Brauerei am Tempelhofer Berg: Sonnengruß im Sudhaus-Loft

Ergänzungen bilden sie heute das offen begehbare und luxuriöse »Viktoria-Quartier«, das den historischen Tivoli zur »Wohnbrauerei« macht.

Am **Tempelhofer Berg** haben gleich drei Brauereien des 19. Jahrhunderts den städtebaulichen Wandel überlebt. **Habels Brauerei**, Am Tempelhofer Berg 7–8, wurde einst 1860 von dem Brauer Heinrich Reh gegründet. Sie glänzt heute mit zwei wunderschönen Brauereigebäuden in kräftig-rotem Ziegelstein: Ein zweigeschossiges Verwaltungs- oder Wohngebäude, das heute einen »Kinderwelt-Indoor-Spielplatz« beherbergt. Und etwas zurückliegend das fünfgeschossige Sudhaus mit verschiedenen Büros, einer Schule für klassische Tänze im Erdgeschoss und einem Yoga-Zentrum unterm Dach. Direkt hinter dem noch erhaltenen Schornstein der 1920 stillgelegten Brauerei liegt auf dem Nachbargrundstück eine Remise von 1900, in der dieses Buch gerade entsteht, das Büro des Autors. Die südlichen Werkstätten und Lagerräume der ehemaligen Brauerei bieten heute Künstlern, Metallbauern und Raumausstattern Platz.

Der Brauer Conrad Habel erwarb hier 1879 nicht nur die ehemalige **Brauerei Reh**. Habel kaufte gleich das gesamte Flurstück nach Norden bis herunter zur Bergmannstraße 5, wo die **Bayrischbier-Brauerei Paegelow** betrieben wurde. Habel schloss diese Brauerei offenbar umgehend, setzte aber auf die schon im 19. Jahrhundert alteingesessene Gastronomie der Bergmannstraße. Denn Habel übernahm die legendäre Schankstätte »Zum Dusteren Keller«. Zwar steht heute an dieser Stelle ein modernes »Gesundheitszentrum«, doch die stadtweit berühmte Kreuzberger Ausgehmeile ist ein gastronomisches Erbe auch des Brauers Conrad Habel.

Gleich nebenan, Am Tempelhofer Berg 6, liegt die später so bezeichnete **Monopol-Brauerei**. Diese Brauerei wurde erst um 1890 von Louis Kraehahn in Betrieb genommen. Die Grundstruktur des kompakten gelben Backsteinkomplexes ist nahezu vollständig erhalten, wie Pläne von 1910 belegen. Der offen zugängliche Innenhof eröffnet den Blick auf einen florierenden Gewerbehof, dessen größter Mieter eine Berliner Eismanufaktur ist.

Die mit Abstand größte Brauerei am Tempelhofer Berg ist die ehemalige **Hopf'sche Berliner Bock-Brauerei**, Fidicinstraße 2–3, gegründet

Die Hopf'schen Keller: Weindepot im Bockbier-Lager

Hopf'sche Berliner Bock-Brauerei im Bergmannkiez: Das Hofportal

schon 1837 von Georg Leonhard Hopf, dem großen Pionier des untergärigen Bayrischbiers auf dem Berliner Markt. Erhalten sind einige repräsentative Brauereigebäude und Rampen aus dem 19. Jahrhundert, dominiert von gelbem und rot abgesetztem Backstein. Das Brauerei-Areal, bezogen von verschiedenen Gewerbetreibenden, steht überraschenderweise nicht unter Denkmalschutz, obwohl unter der Braustätte einige der schönsten Berliner Braukeller liegen. Manche Gewölbekeller werden von ansässigen Weinhändlern als Lager genutzt. Ein besonders schöner Keller erinnert in seiner Säulenstruktur an die Mezquita von Córdoba. Die alten Hopfschen Kelleranlagen sind unterirdisch verbunden mit den Gebäuden des Flughafens Tempelhof.

Während von den Brauereien der Hasenheide keine nennenswerte Bausubstanz erhalten ist, finden sich am **Rollberg** Teile einer ehemaligen Großbrauerei. Dieser östliche Teil des heutigen Neuköllns entwickelt sich ab 1870 zu einem Arbeiterwohnviertel. Inmitten der Wohnbebauung auf dem einstigen »Windmühlenhügel« entstand zeitgleich die **Vereinsbrauerei Berliner Gastwirte AG Böhmisch Rixdorf**, später verkauft und berühmt geworden als die **Berliner Kindl Brauerei**, die hier in großem

Die Monopol-Brauerei am Tempelhofer Berg beherbergt heute eine Eismanufaktur

Maßstab von 1910 bis noch 2005 ihr Kindl braute. Große Teile des Brau-Areals, Werbellinstraße/Am Sudhaus, mussten einer aktuellen Baustelle für moderne Lofts und Townhouses weichen. Erhalten sind hingegen das prachtvolle Sudhaus mit seinen gewaltigen Kesseln – es soll in spe ein kommerzielles Kulturzentrum werden –, ferner der Antriebsraum der Sudanlage, der heute wieder die moderne **Privatbrauerei Am Rollberg** und ihre Schankhalle beherbergt – siehe Portrait Seite 40 –, und die riesigen Kelleranlagen, durch die der Berliner Unterwelten e. V. regelmäßig in seiner »Tour K« führt.

FRIEDRICHSHAIN

Hausbrauerei Hops & Barley Friedrichshain / Boxhagener Kiez

Philipp Brokamp: »Es war ein Tipp vom Arbeitsamt«

Raise your glasses to the good men of Kent
Who worship the hops and the barley
The brew is on the go once again
Joe licks his lips and smiles

Allabendlich durchdringt den Pub dasselbe Lied, ein Kniefall, ja, ein Treueschwur: Stoßt an auf Englands tapfere Männer, denen wir dieses Gebräu verdanken. Doch seine Lippen und sein Lächeln, nicht mehr als ein letztes Stoßgebet. Joe kann nicht verhehlen, dass er sich bald zu Tode säuft, dass er am Bier zugrunde geht.

And he raises his glass to the sky
In the garden of England
Where real men could hold a pint
The hops were picked and the barley ripe
And beer was a way of life

Mit rauer Stimme zu satten Gitarren und Drums rauschen die Punkrocker von »Leatherface« die versprengten Leute vor der Bühne an. *Hops and Barley* ist ein Song von Wat Tyler, einer weiteren britischen Punklegende, eine Band, die sich den Namen eines mittelalterlichen Rebellen und Freiheitskämpfers gab.

Dieser musikalische Befreiungsschlag, ein lautes britisches Biertrinkerlied, eine tiefe Verneigung vor den Erntearbeitern bei Hopfen und Gerste, steht Pate, als Philipp Brokamp seinen Pub und seine Gasthausbrauerei Anfang 2008 in Friedrichshain eröffnet.

»Die Idee zur eigenen Brauerei entstand schon in Schwelm«, erzählt Philipp Brokamp von seiner Zwischenzeit im Sauerland. Für einen Brauer aus Schwelm bei Wuppertal führt er zwei Jahre lang eine Gasthausbrauerei im Freilichtmuseum Hagen, ein ziemlich einsamer Job. »Ich braute Pils und dunkle Weizen und hatte ansonsten wenig zu tun«, erinnert er sich an diese Durststrecke seines Brauerlebens, denn seine Freundin lebt und arbeitet schon damals in Berlin. In Hagen hat Philipp Brokamp viel Zeit zum Nachdenken. Und zum Musikhören. »Irgendwann hörte ich wieder diesen Song von den Leatherface und dachte, du gehst zurück nach Berlin, eröffnest eine Brauerei und eine Kneipe und nennst sie ›Hops & Barley‹.«

Dabei ist Philipp Brokamp überhaupt nicht der Typ Punkrocker und Saufbold. Der ruhige und sympathische Brauer stammt aus Borken im westlichen Münsterland, eine ländliche Kleinstadt mit 14 katholischen Kindergärten und einem evangelischen. Und mit einem Landrat von der CDU, der bei den letzten Kommunalwahlen den Kreistag von Borken mit 63,2 Prozent einnahm. Zum Glück gibt es aber einen Bahnhof und die Niederländisch-Westfälische Eisenbahn-Gesellschaft, mit deren Hilfe man einmal in der Stunde die Stadt verlassen kann, nach Holland oder nach Gelsenkirchen.

»Nach dem Abitur musste ich da mal raus.« Damit dürfte der Brauer aus Borken in Berlin auf viel Verständnis stoßen. »Ich habe mich dann bei einer Agentur als Sportjournalist versucht, aber der Blick hinter die

Brauer Philipp Brokamp im Schankraum

Philipp Brokamp in seinem Braukeller: »Alles Familienarbeit«

Gardinen des Sports war dann doch weniger spannend als gedacht.« Philipp Brokamp bekommt einen erstaunlichen Tipp vom Arbeitsamt – »ich hatte überhaupt keine Ahnung von Bier« – und beginnt bald darauf seine Lehre zum Brauer in der Familien-Brauerei Horneck bei Elsendorf. Das ist nicht so groß und aufregend wie Borken – »Horneck ist ein 200-Einwohner-Kaff mit Dienstwohnung, wo man sich voll auf die Arbeit konzentrieren kann« –, aber das Nest liegt in der bayrischen Hallertau, das bedeutendste Hopfenanbaugebiet Deutschlands und das wohl größte zusammenhängende der ganzen Welt. »Schon nach einer Woche wusste ich, das macht Spaß. Du bekommst Verantwortung und Anerkennung. Irgendwann durfte ich alleine im Sudhaus stehen und brauen«, erzählt er.

Nach der Lehre zieht es Philipp Brokamp wieder Richtung Norden. Er arbeitet nun in der Rolinck-Brauerei in Steinfurt. Steinfurt liegt im nördlichen Münsterland und ist eine ländliche Kleinstadt mit sieben katholischen Kindergärten und drei evangelischen … Als dann höchste Gefahr droht, dass der Borkener Leatherface-Freund die ganz große Welt vielleicht nie sehen würde, geht er endlich nach Berlin und macht binnen drei Jahren sein Diplom als Brauingenieur an der TU. »Danach konnte ich an der Lehranstalt noch anderthalb Jahre in einem Forschungsprojekt über Hefeproteine und Glutenine arbeiten. Das war sehr praktisch, eine Zeit lang auf dem Versuchsgelände zu landen.« Unpraktisch war dann die eingangs beschriebene Episode im Freilichtmuseum von Hagen.

Mit *Hops and Barley* im Ohr und Hagen im Rückspiegel macht sich Philipp Brokamp 2007 auf, selbstständig zu werden. »Ich konnte mit Erspartem und Geliehenem auf einem Online-Marktplatz eine Brauanlage schießen. Ein insolventes Hotel in Österreich hatte eine alte Rostocker Saxonia-Anlage ins Netz gestellt.« In der Wühlischstraße im Boxhagener Kiez entdeckt er eine alte Fleischerei, die er mieten kann und aufwändig umbaut. »In der Familie meiner Frau sind großartige Handwerker«, erzählt Brokamp bei einem kleinen Rundgang. »Schweißen, Betonieren, Holzarbeiten – alles Familienarbeit. Der Tresen ist aus Altbautüren, dessen Fußlauf liegt auf gusseisernen Schweinehaken der alten Fleischerei.«

Eröffnung ist schließlich am 2. Februar 2008. Hops & Barley brummt dabei vom ersten Tag an, so dass Brokamp fast ununterbrochen brauen muss. Schon 2009 kauft er eine zweite Brauanlage mit 500-Liter-Kapazität, die er in einem angrenzenden Raum unterbringt. Der Borkener ist im Grunde Gasthausbrauer, verkauft aber gelegentlich auch außer Haus: »Für uns Minibrauer sind vor allem die Craft Beer Festivals gute Geschäfte. An so einem Wochenende verkaufe ich schon mal 700 Liter Bier.«

Seine obergärigen Weizenhefen kauft er ohne Skrupel beim Hobby-Brauversand, seine untergärigen Hefen holt er meist bei Schultheiss, zu denen er ein diplomatisch freundliches Verhältnis pflegt. »Man muss ihnen einfach dankbar sein. Es ist wirklich nett, dass sie uns Kleinen von ihrer Hefe geben.« Philipp Brokamp rückt den klassischen Metallrahmen seiner unauffälligen Brille zurecht, um es so zu sagen: »Die Firmenstrategie der Radeberger Gruppe ist komisch. Auf der einen Seite brauen sie mit ihrem Label BraufactuM extrem teure Sonderbiere, aber in Berlin brauen sie sieben oder acht Pilsbiere, die nahezu alle gleich schmecken. Da dürfen die Brauer noch nicht einmal beim Hopfen variieren. Das, was wirklich Spaß macht, fällt in so einem Großbetrieb weg.«

Das Hops & Barley ist mittlerweile eine der erfolgreichsten jungen Hausbrauereien Berlins. Philipp Brokamp hat offenbar den Geschmack der Leute getroffen und findet in der urigen Kneipe mit den Villeroy & Boch-Fliesen von 1900 die richtige Mischung. »Bei uns sind alle willkommen, es gibt nur kein Bier für Nazis.« Willkommen fühlen sich denn auch viele junge Leute, am Wochenende zahlreiche Touristen aus den umliegenden Hostels. Fußballfreunde sehen hier bei Bier und Treberbrot die Champions League oder die Bundesliga. Zu Spielen von Borussia Mönchengladbach hat der Fanclub »Berliner Fohlen« das separate Raucherzimmer reserviert.

Philipp Brokamp ist ein rundum zufriedener Braumeister. *And he raises his glass to the sky.*

STECKBRIEF

Hops & Barley

Wühlischstraße 22/23
10245 Berlin
www.hopsandbarley.eu
Tel. 030 - 29 36 75 34
Tram M13 Wühlischstraße/Gartenstraße

Öffnungszeiten
Mo–Fr ab 17 Uhr, Sa–So ab 15 Uhr

Die Brauerei
Hausbrauerei seit 2008

Der Brauer
Philipp Brokamp
Diplom-Braumeister
geboren 1975 in Borken/Westfalen
in Berlin seit 1999

Seine Biere
Friedrichshainer Pils, Dunkel, Weizen und wöchentlich neue Saisonbiere wie IPAs oder das Tettnanger Hell

Seine Lieblingsbiere
Variabel zwischen herbem Pils, feinem Weizen aus bayrischen Kleinbrauereien und einigen tschechischen Bieren

Flessa Bräu
Friedrichshain / Petersburger Straße

Christoph Flessa: Vollbad im Vollbier, wie geil!

Sind Hausbesetzer Hobbybrauer, dann ist eine Heimbrauanlage mehr als hilfreich. Mit ihr können sich die Besetzer selbst hinter den Barrikaden autonom mit Bier versorgen. Die Großkapitalisten verdienen nicht am Bier der Rebellen. Und sollte es im Kampf gegen Spekulanten und Faschisten dennoch zur Räumung kommen, ist die Heimbrauanlage eine stets mobile Braustätte. Denn im Häuserkampf lassen einem die wenig zimperlichen Ordnungskräfte für gewöhnlich kaum Zeit zum Räumen. Oft kann der abziehende Besetzer im Spalier von Helmen und Schlagstöcken nur mitnehmen, was er unter die Arme bekommt. Große Braukessel wären dazu völlig ungeeignet.

»Das war eine geile Zeit in Berlin. Sensationell. Die komplette Anarchie, im positiven Sinne. Berlin war der Hammer!« Christoph Flessa kommt 1990 nach Berlin, um im frisch eröffneten Osten verlassene Häuser zu besetzen. »Natürlich haben wir damals den Kumpels von der Mainzer Straße beigestanden.« Diese Besetzung von 13 Häusern der Mainzer Straße wird in den Frühstunden des 14. November 1990 von rund 3000 Polizisten nach wenigen Stunden schwerer Straßenschlachten geräumt. Aber Besetzer wie Flessa finden andere Häuser. »Du konntest machen, was du willst. Berlin wäre nicht so, wenn es nicht so viele Verrückte gäbe.« Der gebürtige Bochumer und gelernte Gärtner ist der antifaschistischen Bewegung der Hauptstadt bis heute solidarisch verbunden. »Vielleicht braucht man heute wieder Brauereien, die politisch sind«, sagt der Brauer, der sein Hobby mittlerweile zum Beruf gemacht hat.

In einem Hinterhof in der Petersburger Straße, in den grau gekachelten Räumen einer ehemaligen Friedrichshainer Fleischerei, liegt heute sein Sudhaus, die Brauerei Flessa. »Es ist eine sehr schöne Brauerei, ne?!« Flessa hegt und pflegt seine Bierhallen und seine Biere. »Ich mache gerade ein Pale Ale in Flaschengärung. Bei dem kommt das Malzaroma erst im zweiten Moment. Ein Bombenbier!«

Bis zur Aufnahme der Braubombenproduktion im Jahr 2012 ist es ein langer Weg und vor allem ein großer Umweg. Denn Flessas Jahre als

Christoph Flessa: Politische Braustätte

Hausbesetzer waren zwar »wild« und »verrückt«, aber nicht immer heldenhaft. Flessa hatte eine Schwäche: »Ich mag die kalten Winter nicht.« Und so ist der einstige Hobbybrauer im Berliner Winter meistens aus den kalten, besetzten Häusern ausgebüchst und der Sonne hinterhergereist. In den kalten Monaten wird also nicht gebraut, was Flessa zu einer Art obergärigem Hausbesetzer macht.

Und so bleibt er 1999 mit seinem Rucksack in Mexiko hängen, nicht wegen leer stehender Häuser, sondern wegen einer wunderbaren Frau. Und wegen der nahezu ewigen Sonne. Deutsche Muttersprachler werden in Mexiko gerade gesucht. »Ich habe im Goethe-Institut Kurse gegeben, aber auch Opernsänger unterrichtet, Studenten der nationalen Musik-Universität von Mexiko-Stadt.« Deutsch und Italienisch sind Standard in der Oper, lernt der Gärtner aus dem Ruhrpott. Doch Flessas Herz schlägt im Innersten weder für den Gartenbau noch für Richard Wagner. Christoph Flessa will brauen, richtig brauen, in Mexiko brauen.

Flessas Schankbier-Sonderedition »Tanker – Grosse Freiheit No. 114«

Aber das Geld ist knapp. Die angehenden mexikanischen Opernsänger finanzieren ihm kein Kesselhaus. 2007 schließlich kehrt Christoph Flessa, mittlerweile mit Familie, zurück nach Berlin. Er braucht Geld für seine erste gewerbliche Brauerei. Auch in Berlin unterrichtet er Deutsch, etwa in Integrationskursen und in Alphabetisierungsmaßnahmen.

»Nach drei Jahren sind wir zurück nach Mexiko, um die Lage für unsere Brauerei zu sondieren«, blickt Flessa auf eine deprimierende Reise zurück. »Wir haben Mexiko kaum noch wiedererkannt. Das Land war unter Präsident Calderón tief in den Drogensumpf gestürzt.« Flessa ist kein ängstlicher Mensch. »Aber plötzlich herrschte da eine extreme Gewalt. Entführungen, Schutzgelderpressungen, überall Misstrauen, die ganze Kultur ging vor die Hunde.« Sein Traum, eine Landbrauerei in der Sierra Madre, einer traumhaften Bergregion auf 2700 Metern Höhe, zu gründen, zerschellt am brutalen Drogenkrieg, der Mexiko bis heute den Atem raubt.

Zurück nach Berlin. »Berlin war meine letzte Chance.« Wieder Deutschkurse und weiter sparen. 2012 endlich eröffnet Christoph Flessa seine Brauerei in Friedrichshain, »in der Endphase der Verrücktheit«, sagt er. »Die Sanierung ist durch. Das kapitalistische Ding läuft heute immer besser.« Das sagt er mit großem Misstrauen und wissentlich, dass er ein Teilstück dieses Systems geworden ist. »Aber ich mache nur regionales Bier, nur für Friedrichshain, Prenzlauer Berg und etwas für Mitte. Immer nah dran an der Brauerei.« Ein Freund schenkt ihm dafür die Auszeichnung: »Flessa Bräu – dichter geht's nicht.«

Apropos. Die Tür geht auf. »Hi. Ich bräuchte so einen Gutschein für einen Braukursus«, die junge Frau sucht ein Geschenk. »Und dazu vielleicht ein Weizen. Für den Herrn.« Der Hausverkauf läuft nebenher. Braukurse bietet Flessa alle 14 Tage an.

»Weißt du, nicht jeder mag diese stark und kalt gehopften IPAs«, erklärt er seine Bierstile. »Ich suche immer ein ausgewogenes Verhältnis von Hopfen und Malz. Klassisch. Untergärig. Aber jeder Sud ist anders.« Für sein klassisches, vollmundiges und doch fast klares Pils hat ihn Berlins führende Bier-Sommelière Sylvia Kopp sogar geadelt: »Das beste Pils Berlins.«

Gelegentlich braut Flessa anderes. »Tanker! Das ist ein Spezial für den Friedrichshainer Schwulenclub ›Große Freiheit No. 114‹. Die wollten unbedingt ein Schankbier von mir. Ich habe ihnen gesagt, Schankbier taugt nicht für die Kneipe. Du brauchst in Deutschland ein Bier, das törnt und nicht knaddelt. Du brauchst ein Vollbier.« Die Jungs bestanden aber auf die Sonder-Edition zum Knaddeln. »Ist egal. Trink mal das hier! Das ist mein Rotes. Der absolute Hammer! Das ist mein Red Lager Mandarina. Ist das nicht geil?! Darin könnte ich baden.« Es ist rot. Es ist der Hammer. Es ist geil. Und es törnt.

Christoph Flessas Himmel ist nicht mandarinrot, bloß weil er es zu seiner eigenen Brauerei geschafft hat. Sein 200-Liter-Sudwerk kann ihn allein noch nicht ernähren. Die Nachricht, dass die millionenschwere Stone Brewing aus Kalifornien sich in Berlin niederlässt, stimmt ihn nicht froher. »Ich habe Angst, dass die Großen das irgendwann an sich reißen. Wir müssten einen Berliner Bund von Kleinbrauern gründen. Dann wären wir stärker, dann nähme man uns ernst.« Der alte Kämpfer. »Wir könnten einen Craft-Biergarten gründen, als Kollektiv.« Irgendwie ahnt er, dass es dazu vielleicht nicht ganz reicht. Aber vielleicht braucht dieser sympathische ehemalige Hausbesetzer einfach nur ein paar mehr Kneipen, die seine starken Klassiker oder das geile Rote bestellen. Vielleicht ein paar Straßenfeste dazu. Und schon könnte Christoph Flessa sich, seiner Frau und seinen drei Töchtern einen ganz großen Traum erfüllen: »Ich will so gerne mal wieder nach Mexiko.«

STECKBRIEF

Brauerei Flessa

Petersburger Straße 39 (Hinterhof)
10249 Berlin
www.brauerei-flessa.de
Telefon: 030 - 23 47 08 31
Tram M10 Straßmannstraße

Braukurse jeden zweiten Samstag 9–15.30 Uhr, 80 Euro, max. 12 Teilnehmer

Die Brauerei
Vertriebsbrauerei, Hausverkauf

Der Brauer
Christoph Flessa
Autonomer Kiez-Brauer
geboren 1968 in Bochum
in Berlin 1990–1999 und seit 2007

Seine Biere
Flessa Bräu: Pils, Export, Weizen und Rotes, Friedrichshainer Schank

Sein Lieblingsbier
Das Rote: »Im Red Lager Mandarina könnte ich baden.«

Berlin Beer Academy – Die Genuss-Schule

Exklusives Interview mit der Bier-Sommelière Sylvia Kopp

Frau Kopp, Sie sind Bier-Sommelière, also Kennerin von allerbesten Bieren. Woran merken Sie, dass ein Bier gut ist?
Gute Biere offenbaren sich nicht unbedingt auf den ersten Schluck. Man muss sich eintrinken, sie erkunden, erforschen. Ein gutes Bier packt einen dann. Dann macht es innerlich »Hmmm«. Manchmal läuft dabei ein ganzer Film ab. So einen spannenden, fordernden Bierstil, den ich total gerne mag, zeigt das Orval, ein belgisches Trappistenbier.

Das in Nord- und Ostdeutschland verbreitete Pils ist eher nicht so filmreif?
Ein Pils kann herrlich erfrischend sein – klar, gradlinig, hopfenbetont und trotzdem elegant. Mit einer durchdachten Hopfenaromatik kann es sogar himmlisch sein.

Wo finden Sie gutes Pils in Berlin?
Zum Beispiel bei Flessa Bräu. Der Flessa macht klassische Bierstile. Sein Pils aus der Flasche hat mir sehr gut gefallen. Aus dem Fass war es mir zu sanft, also nicht knackig genug. Meine Lieblings-Pilsener sind allerdings auswärtige. Das Alpirsbacher, Schönramer, Waldhaus, Trumer Pils aus Salzburg und das Herbsthäuser.

Wie kann das Flaschenbier knackiger sein als ein Bier vom Fass?
Fassbier erleben wir erst mal frisch und kalt. Den eigentlichen Unterschied zur Flasche finden wir aber bei der Karbonisierung, also dem Kohlensäuregehalt. Der ist in der Flasche konstant, hängt aber beim Fassbier direkt mit der Einstellung der Zapfanlage zusammen. Gut eingestellt, sollte das gleiche Bier keine signifikanten Unterschiede in Fass und Flasche haben.

Wodurch wurden Sie zu einer sensiblen Biertrinkerin?
Durch Reisen nach Belgien. Als ich in den Brüsseler Bier-Cafés saß, vor großen Bierkarten, tollen Gläsern, wo Männer wie Frauen nachmittags

Sylvia Kopp in der Berlin Beer Academy

beim Bier zusammenkommen, jeder bei seinem eigenen Bier. Toll! Aber ich fragte mich, was machen die Belgier anders? Später in Franken, bei lokalem Landbier im kleinsten Dorf, erlebte ich eine ähnliche Vielfalt. Das hat mich mitgerissen.

Was kann man bei Ihnen in der Bier-Genussschule lernen?
Zunächst einmal muss man Verschiedenes probieren, sich mit Biersensorik und Bierstilen auseinandersetzen, verstehen lernen, was beim Brauen passiert. Wo sind die Stellschrauben für den Brauer? Welche Rohstoffe bringen welche Geschmäcke ins Bier? Wann mache ich die Hopfengabe? Welche Akzente will ich setzen, welches Bier will ich?

Was bedeutet eigentlich Bierstil?
Den Begriff prägte Michael Jackson. Der große britische Barde des Biers, Autor des berühmten Buches »World Guide to Beer«. Er hat viele Amerikaner zum Brauen inspiriert, und damit die Craft Bier-Bewegung entscheidend beeinflusst. Ein Bierstil fasst Merkmale wie geografische und historische Herkunft, Geschmack, Brauart und technische Werte wie Alkoholgehalt zusammen. Bierstile bilden den Referenzrahmen, wenn man über Biervielfalt reden will. Auch wenn einige Craft-Brauer immer

mal wieder die Stilkategorien über den Haufen werfen, brauche ich irgendeinen Kompass. Die meisten Bierstile kommen aus den klassischen Brautraditionen in England, Deutschland und Belgien. Aber es kommen auch neue hinzu.

Craft Bier-Brauer machen oft trübe, ungefilterte Biere.
Gefiltertes Bier ist natürlich stabiler, denn jedes Partikel gefährdet die Haltbarkeit. Aber Filtern verändert auch die Textur des Biers und sein Aroma. Craft-Brauer lieben trübe Biere, denn sie führen mehr Geschmacksträger. Außerdem sind Filteranlagen ziemlich teuer. Ähnlich ist es mit der Kurzzeit-Erhitzung der Industriebiere. Sie schaltet Organismen wie Resthefezellen aus. Craft Bier hingegen ist lebendiges Bier.

Welche Bedeutung beim Brauen kommt dem Hopfen zu?
Hopfen bringt Bitterkeit und Aroma ins Bier. Technologisch sorgt er für Stabilität. In Deutschland kannten wir lange nur die klassischen Hopfensorten, feinherb elegant, kräuterig, Heuwiese. Lange war verpönt, dass Hopfen blumig oder fruchtig sein darf. Mittlerweile entwickeln auch die Hopfenzüchter in der bayrischen Hallertau, dem weltgrößten Anbaugebiet, neue Sorten. Begonnen hat das in den USA. Eisbrecher war die Sorte Cascade. Die hat in den 1980ern den neuen West Coast Style geprägt, extrem bitter, extrem fruchtig: bei Cascade vor allem Grapefruit.

Wie wurden die USA zum Motor dieser globalen Craft Bier-Bewegung?
Ohne die USA wäre diese Bewegung nicht denkbar. Eigenes Bier zu brauen, war dort eine Notwendigkeit, denn es gab in den 70ern und 80ern in Amerika nur noch massentaugliche Einheitsbiere, Plörre in Dosen. Wer reelles Bier wollte, musste selber brauen. Den legalen Startschuss gab der US-Präsident Jimmy Carter. Er schaffte das Heimbrau-Verbot ab. Es haben zwar schon vorher viele illegal gebraut, aber jetzt konnten sie sich institutionalisieren. Mit der Legalisierung schlossen sich die Brauer zusammen. Charlie Papazian gründete die Homebrewers Association, rief das Great American Beer Festival und später den World Beer Cup ins Leben.

Mittlerweile erleben wir in Amerika einen unglaublichen Craft Bier-Boom.
Ja, der Craft Bier-Sektor hat von 2008 bis 2013 um 80 Prozent zugelegt, während die Konzerne von MillerCoors und Anheuser-Busch jeweils Absatzverluste von rund 10 Prozent erlitten. Craft Bier hat heute einen

rund 8-prozentigen Volumenanteil am US-Biermarkt, beim Umsatz sind es sogar rund 14 Prozent.

Dürfen deutsche Biergenießer auf eine ähnliche Entwicklung hoffen?
Da wäre ich eher vorsichtig. Wir haben eine ganz andere Situation. Der Markt ist hier längst nicht so konzentriert. In Bayern und Baden-Württemberg gibt es nach wie vor eine Vielzahl von Brauereien mit wirklich charmantem, gutem Bier, wo es einfach Spaß macht, die Dörfer und ihre Brauer aufzusuchen. Und die Mainstream-Versorgung übernehmen familiengeführte Unternehmen wie Krombacher, Bitburger, Warsteiner, Veltins.

Wurde Berlin jüngst zur deutschen Craft Bier-Hauptstadt, weil die Radeberger Gruppe die Region beherrscht wie die US-Konzerne einst Amerika?
Was sich in den USA abgespielt hat, sehen wir heute ganz ähnlich in Nord- und Ostdeutschland. Dass es gerade in Berlin so losgeht, wundert mich nicht. Eine junge Bewegung braucht Freiraum, was die Kosten betrifft. In München wäre das unvorstellbar. Die Stadt ist ohnehin total gesättigt und etabliert, was das Bier-Image betrifft. Hamburg ist teuer und hat dadurch viel Innovationspotenzial verloren. Im norddeutschen Raum lief biermäßig nicht mehr viel. Doch in Hamburg, Bremen und Hannover tut sich wieder was. Craft Bier zieht Kreise.

Was ist für Sie Craft Bier; wer ist ein Craft- oder Handwerksbrauer?
Für mich, und das ist nicht die amerikanische Definition, sind Craft Biere mutige, geschmacksstarke Biere von unabhängigen Brauern und Neugründern, die mit der Motivation antreten: ich möchte Unverwechselbares, Schönes kreieren. Brauer, die gegen den Mainstream mit Begeisterung anbrauen wie ein Chef de Cuisine, der ein neues Rezept entwickelt.

Auch die großen Brauereien entdecken jetzt die Biermanufaktur.
Die Radeberger Gruppe war mit BraufactuM recht früh am Start, Bitburger lanciert Craftwerk, und selbst Köstritzer bringt neue Spezialbiere heraus. Sie alle geben der Sache zwar Breitenwirkung, aber ohne die kleinen Start-ups und ihre enge Verbindung zur Szene hätten die Etablierten den Nährboden dafür nicht gehabt. Da materialisiert sich gerade eine neue Vorstellung von Bier. Das haben wir den mutigen Neugründern zu verdanken.

Wohin entwickelt sich die Bewegung in Deutschland?
Craft musste erst aus den USA zu uns durchdringen, damit junge Brauer diesen Freiraum für sich entdecken, Mut fassen, sich inspirieren lassen. Mittlerweile erleben wir geradezu einen Hype an neuen Projekten, die keine eigene Braustätte haben. Das wird sich recht bald sortieren. Einige Mikrobrauereien könnten mittelfristig auf 15000 bis 30000 Hektoliter pro Jahr anwachsen. Andere bleiben bei ihrem Kleinstgewerbe. Andererseits ist noch genug Platz: Während einige gerade einsteigen und experimentieren, expandieren die ersten Kleinbrauer bereits merklich. Ab 500 Hektoliter lohnt sich eine eigene Brauerei.

Droht der Bewegung auch Ungemach von der Konkurrenz der aufgewachten Konzerne mit ihren Spezialbieren?
Nein, das Bewusstsein der Konsumenten ändert sich, die wissen Bescheid. Es genügt, wenn sie erfahren, dies ist Radeberger, das ist Bitburger. Die suchen etwas anderes, den Brauer, die persönliche Verbindung zum Bier, den, der selbst am Sudkessel und hinter seinem Bier steht. Da passiert etwas Grundlegendes. In den Craft Bier-Kneipen gehen die jungen Leute auf den Wirt zu und sagen: Hey, überrasche mich, schenk mir dein neuestes Bier ein! Da der Bierkonsum insgesamt zurückgeht, trifft es den Mittelstand am härtesten. Die Großen versuchen, durch Preiskampf und Export durchzukommen. Die Kleinen bedienen das Individuelle, Unverwechselbare aus ihrer Nische heraus. In Berlin ist für Mikrobrauer noch viel Luft nach oben.

Erklären Sie mir zum Abschluss, warum das India Pale Ale in der Szene so beliebt ist.
Das IPA ist die Ikone der Bewegung und ihr Türöffner, geschmacklich eine absolute Sensation, die zwar nicht jeder auf Anhieb mag. Aber wer das trinkt, der kommt in andere Dimensionen, von der Aromatik her, von der Bitterkeit. Dieses Bier hat ein Bouquet, das selbst Weintrinker und Genießer neugierig macht, die bisher kein Bier mochten.

STECKBRIEF

Sylvia Kopp

geboren in Bremen, Amerikanistin, Journalistin und 2006 von der Brauakademie Doemens bei München als Bier-Sommelière diplomiert, ist Gründerin der Berlin Beer Academy. Sie leitet Tastings, Sommelier-Kurse und Firmen-Events zum Thema Bier. Als eine der führenden deutschen Bierfeinschmecker publizierte sie jüngst ihr Werk über Bierstile, Brauen und Brauer weltweit:

Das Craft-Bier Buch
Die neue Braukultur. Von Sylvia Kopp. 248 Seiten. Gestalten Verlag. Berlin 2014

Berlin Beer Academy
Claire-Waldoff-Straße 4
(nahe Friedrichstadtpalast)
10117 Berlin
Tel. 030 - 31 17 60 81
www.berlinbeeracademy.de

Schalander Wirtshausbrauerei Friedrichshain/Bänschstraße

Maximilian Lissek: »Ich bin ein alter Bierspießer«

»Da kommt er gerade aus dem Keller«, ist ein Satz, den Jutta Lissek nicht zum ersten Mal ausspricht. Die Kellerluke verbindet ein liebevoll familiär geführtes Wirtshaus in badischer Tradition mit dem Kühlbereich der Hausbrauerei. Die Freiburger Modedesignerin Jutta Lissek hat binnen fünf Jahren im letzten Winkel des Friedrichshainer Nordostens eine gastronomische Wohlfühlstube erdacht. Der Mann aus dem Keller ist ihr Mann, der Braumeister Maximilian Lissek und Schöpfer der Schalander Biere.

»Ich bin ein alter Bierspießer«, gesteht der sympathische, in Freiburg aufgewachsene Brauer seine standhafte Treue zum Reinheitsgebot. »Es ist im Moment zwar en vogue, diese Verordnung zu verteufeln. Aber mich provoziert es, auszureizen, was mit dem Wenigen geht, das das Reinheitsgebot erlaubt, und ich bin noch längst nicht gelangweilt.« Max Lissek dreht auf der Bierterrasse vor dem Wirtshaus tiefschwarzen Tabak ins Papier und runzelt etwas die Stirn angesichts des Baulärms, der die Pettenkofer Straße im Sommer 2014 durchdringt.

Noch vor dem Abitur jobbt Max Lissek in Freiburger Kneipen. Besonders fasziniert ist er in den folgenden Jahren von den riesigen Bottichen in der Hausbrauerei Feierling. »Die haben ein 20-Hektoliter-Sudwerk. Nach einer Weile durfte ich den naturtrüben ›Inselhopf‹ des Hauses selbst mitbrauen«, erzählt Lissek. So wundert es nicht, dass er sein Biologiestudium nach dem Vordiplom schmeißt. Es fällt ihm sogar recht leicht, seine Jugendliebe Jutta von Freiburg nach Bremen zu begleiten. Denn an der Weser kann er seinen Traumberuf erlernen. Bei Beck's.

»Als Brauer-Geselle hast du anschließend zwei Möglichkeiten fürs Diplom: Weihenstephan oder Berlin.« Max Lissek dreht sich noch eine schwarze Van Nelle. »Auf Weihenstephan hatten wir beide keine Lust. Also sagten wir uns, gehen wir nach Berlin und gucken dann mal.« Jetzt strahlt er wie die Wahlberliner gerne strahlen. »Wir haben uns sofort wohlgefühlt. Die Offenheit der Stadt, ihre Lebendigkeit, ihre Veränderlichkeit. Wir waren sofort verliebt in Berlin.« Noch während des

Studiums jobbt Lissek am Sud bei Michael Schwab von BrewBaker, nach dem Studienabschluss sogar ein Jahr lang als Braumeister. Befristet.

Im Jahr 2008 stehen Jutta und Max Lissek vor ihrer bislang wichtigsten Entscheidung: »Jutta kam als Modejournalistin nicht von der Stelle, und ich fand in Berlin auf Dauer keinen Job als Brauer.« Berlin lässt sie nicht los. Also leihen sie sich Geld zusammen und machen ihr eigenes Ding.

Ganz am Ende der Bänschstraße, unweit des alten Container-Bahnhofs und kurz vor Lichtenberg, entdecken sie eine heruntergekommene Pizzeria, die gerade die Türen schließt. »Die Nachbarn haben uns alle gewarnt«, erinnert sich Max Lissek. »Der türkische Vermieter hatte schon etliche Gasthauskonzepte ausprobiert. Alles war gescheitert.« Es sieht zu jener Zeit an der Ecke Pettenkoferstraße auch nicht gerade rosig aus: Der Laden liegt in Nachbarschaft mit einem alten NVA-Parkplatz, einem Getränkemarkt, diversen Autoschraubern, Bombenlücken und Ruinen. »Aber der Grünstreifen war ganz neu, und wir spürten, hier verändert sich was.« Die Lisseks wissen, was Veränderung ist. Sie leben zu der

Maximilian Lissek nach getaner Arbeit im Schalander

Das Sudhaus von Schalander: Blickfang und Herzstück

Zeit im Kaskelkiez hinterm Ostkreuz und hatten schon bestaunt, wie aus einer alten Nazikneipe ein schmucker Bio-Eisladen werden kann.

»Du konntest an diesem Standort nicht irgendein Restaurant führen. Gutes Bier ist die einzige Chance, Leute hierhin zu bekommen«, kann der Badener Brauer heute entspannt erzählen. Schon zur Eröffnung im August 2009 gab es eine »Bombenfete«. Nach zwei Wochen der Vorbereitung ohne Schlaf – »viele Freunde halfen beim Streichen, Fliesen, Dichten, ich selbst war im Delirium« – sprengte die Nacht der Nächte alle Erwartungen, erinnert sich Max Lissek. »Die Leute tranken überall unser Bier. Die saßen auf den Glascontainern und auf dem Bürgersteig, bis die Polizei kam.« Das war irgendwann um vier in der Frühe.

Im gleichen Jahr feiert Frank-Walter Steinmeier seinen Abschied aus dem Außenministerium im Schalander. Dem prominenten Politiker gefällt es derart gut bei den Lisseks, dass er wenig später auch den Ausstand von den Bodyguards mit Hellem, Dunklem und Weizen aus dem Wirtshaus an der Bänschstraße begießt.

Die Räumlichkeiten des Schalanders sind vollends frei von NVA-Mief und vergessenen Gummibäumen. Jutta Lissek hat ein gepflegtes, badisches Bistro entwickelt, ein kleines, feines Wirtshaus mit Flammkuchen auf der Vesperkarte und einer Kuckucksuhr an der Wand. Zwischen zahllosen sorgsam gerahmten Schwarz-Weiß-Fotos und dem Wappen vom »Großherzogthum Baden« reihen sich edle und berlinweit exklusive badische Obstbrände. Das kleine Hinterzimmer ist tagsüber Schreibraum für den bürokratischen Ballast von Brau- und Wirtshaus und ansonsten die Heimstätte des »Sportclub Freiburg Fanclub Berlin«. Es ist vielleicht der kleinste Bezahlfernsehraum der Berliner Gastronomie. Die SC-Hauptstadt-Fans dürfen hier sogar rauchen. Vielleicht besser als Nägelkauen, denn nicht selten brauchen sie zum Saisonende ja gute Nerven.

Der Blickfang des Wirtshauses, in den man schon von der Straße gezogen wird, ist das Sudhaus, ein Ensemble von drei Edelstahlbottichen in einem gekachelten Bassin. Die topfartigen Kessel auf den Gasbrennern erinnern etwas an eine wohlproportionierte Spaghetti-Küche im Brandenburger Pfadfinderlager. Aber »das ist mein 150-Liter-Sudwerk, alles handbetrieben, mit sogenannten Hockerkochern«, erläutert der Braumeister, der einem stolz und gerne auch den genialen »Plattenwärmetauscher« erklärt.

Dann geht es hinter dem Tresen eine steile Treppe hinab in den ominösen Keller, direkt unter dem Sudhaus. In der raumgekühlten Kältezelle gärt Bier in fünf 300-Liter-Tanks auf praktischen Gummirollen. Tank 2 beherbergt gerade »Sudfolge 1110/1111. Pils« bei konstanten elf Grad Celsius. »Ich braue endvergorene Biere, die kaum noch Zucker haben, dafür einen sehr feinen Geschmack«, erläutert Braumeister Lissek. »Mein Helles und mein Dunkles sind immer klar. Sie werden nicht gefiltert, aber entsprechend lang gelagert«, so seine Brauphilosophie, die auf schwebende Hefen verzichtet. »Denn trübe Biere verzeihen viel.« Das Dunkle mit seinen herzhaften Malzen weiß besonders zu gefallen. Der »Schalander« ist historisch der Aufenthalts- und Pausenraum der Brauer. Der Schalander von Friedrichshain ist Berlins liebevollster Pausenraum, seit es Gasthausbrauereien gibt.

STECKBRIEF

Schalander Wirtshausbrauerei

Bänschstraße 91
10247 Berlin
www.schalander-berlin.de
Tel. 030 - 89 61 70 73
U5/S42 Frankfurter Allee

Öffnungszeiten
Mo–Fr ab 16 Uhr, Sa + So ab 12 Uhr

Die Brauerei
Wirtshausbrauerei seit 2009 mit Restaurant und Straßencafé

Der Brauer
Maximilian Lissek
Diplom-Braumeister
geboren 1976 in Engelskirchen
in Berlin seit 2005

Seine Biere
Pils, Dunkles, Weizen und saisonale Biere

Sein Lieblingsbier
Hausgebrautes, unfiltriert, nach Pilsener Art

Brauerei Zukunft Friedrichshain / Ostkreuz

Alexx Zahn: Soziale Rauschorte im Sog der Hedonisten

»Dieser Kult ums Craft Bier geht mir auf die Nerven. Diese ganze Hopfenromantik ist mir suspekt.« In einem grauen Gewerbegebiet am Ostkreuz, zwischen Autohändlern und Recyclingbetrieben, sitzt der Berliner Brauer Alexx Zahn an einem verkratzten Holztisch und lässt anständig Dampf aus dem Kessel. »Brauer sind eine eigenwillige Szene. Die sitzen fest wie Briefmarkensammler auf ihren Marken. Einige machen dann Hochpreisprodukte für Besserverdienende. 13,20 Euro für eine Flasche Bier finde ich einfach furchtbar!« Zahn rutscht unruhig auf seinem Stuhl hin und her: »Ich will legale Drogen herstellen. Zechbiere. 2,80 Euro für den halben Liter. Ich könnte es noch billiger machen, aber dann kriegen die Leute Angst. Die meinen dann, das kann nicht gut sein.«

Auch Berlin ist nicht mehr so gut. Aufgewachsen am Prenzlauer Berg, zeichnet der gelernte Elektromechaniker und Selfmade-Brauer einen dunklen Himmel über Berlin: »Am Prenzlberg trafen sich früher die Untergrunddichter. Da arbeiteten die Künstler. Das war kreativ, das war Freiheit. Da haste 'ne Tür eingetreten und schon hattest du was zu wohnen. 26 Mark Miete im Monat. Idyllisch.« Alexx Zahn läuft hinter den Tresen seiner Schankstube und zapft sich eine Dunkle Zukunft, eine seiner beiden Hausmarken. Ein schlankes Schwarzbier, »ziemlich leicht, in etwa nach Thüringer Art, nur das Karamalz ist mir dieses Mal beim Brauen etwas ausgerutscht. Wo waren wir stehen geblieben?« – Prenzlauer Berg. – »Heute ist das ein schrecklicher Ort, ein toter Kiez, den meide ich, da verlaufe ich mich. Es gab vor der Wende am Prenzlauer Berg mehr Freiraum als im heutigen Berlin!«

Nicht gut. Auch Zahns Ausbildungsbetrieb, das VEB-Kombinat Elektro-Apparate-Werke Berlin-Treptow, gibt es nicht mehr. Auf dem einstigen Betriebsgelände an der Spree stehen seit 1998 die »Treptowers« eines großen westdeutschen Versicherungskonzerns. »Nach der Lehre bin ich zur Armee gegangen. Und danach habe ich Theaterwissenschaften studiert. Aber dann kam diese Wende.« Zahn probiert dann vieles aus – »Philosophie, sogar Physik. Ich wollte begreifen, was die Welt im Innersten zusammenhält.« Dann macht er Filme, »chronisch unterfinanzierte

Brauer Alexx Zahn zapft eine Dunkle Zukunft

und erfolglose Filme.« In der Satire »Die Wahrheit über die Stasi« führt Alexx Zahn 1992 Regie.

Im Grunde ziehen sich Zahn und ein paar Freunde aber weitestgehend aus dem Verkehr. Zu tief sitzt der Schock vom Mauerfall, zu ernüchternd das jähe Ende ihrer großen Zeit. Sie quartieren sich in einem stillgelegten Kino ein, in den 1961 geschlossenen Tilsiter Lichtspielen in der Richard-Sorge-Straße nahe dem Frankfurter Tor.

Das Erwachen aus dem postmuralen Dämmerzustand beschreiben die Kinobesetzer auf ihrer nahezu lyrischen Homepage so: »Als dann am 18. Februar 1994 eine Gruppe junger Künstler, der in den Wendejahren das Kino als konspirative Adresse diente – Spielplatz, Versteck und Ort für Verschwörungen zugleich – nach 1201 Tagen berauschten Schaffens im ewigen Halbdunkel gegen morgens um halb fünf die Siegel brach, immer langsamer auf den Bürgersteig trat und mit weichen Gliedmaßen in das späte Laternenlicht blickte und darüber erschauerte, dass das goldene Zeitalter plötzlich zu Ende war, musste sie sich darüber verwundern, dass sie die ganze Nachwendezeit in einem alten Kino eingeschlossen war, das auch noch den Namen einer unter ihresgleichen nicht so beliebten Käsesorte trug.«

Sie eröffnen an diesem Tag der Erleuchtung also keine Käserei, sondern eine Kneipe namens Prassnik und alsbald auch wieder das Tilsiter Lichtspielhaus, eines der ältesten Kinos Deutschlands: »Geblendet von der Realität des Draußenseins beschlossen die Versehrten, sich sofort wieder zurückzuziehen und noch am selben Abend ihr Wohnschlafatelier als Kinokneipe öffentlich zu machen. Ein paar Anrufe, ein bisschen Farbe und zwei Kurzschlüsse später trafen die ersten Gäste ein und bezahlten den Künstlern fortan das Bier, das sie ohnehin selbst verzehrt hätten. Das wurde als weitaus realer als der kürzlich verstorbene Sozialismus empfunden.« Bier soll in der Zukunft der Kinobetreiber noch eine größere Rolle spielen. Sozialismus irgendwie auch.

»Vor zwei Jahren wollten wir uns vergrößern, wir wollten noch was anderes machen neben dem alten Kino.« Unweit der ewigen Bahnbaustelle Ostkreuz finden sie die verlassenen Lagerräume der »Progress Film-Vertrieb GmbH«, das zentrale DDR-Filmdepot. »Das kannte ich seit

Bierdeckel der Brauerei Zukunft

Barbereich Brauerei Zukunft

den 80er-Jahren. Ich habe da selbst früher Filme abgeholt«, erinnert sich Zahn, der im Nebenjob Filmvorführer ist. Bei Progress lagerten einst auch die von der SED zensierten Filme wie »Spur der Steine« mit Manfred Krug von 1966. »Das waren die sogenannten Tresorfilme, die meist nach der Premiere vor eingeschworenen Parteigenossen für die Ewigkeit hier gesichert wurden.« Vorbei. Ein Münchner Immobilienverwalter hält die Zeit für satte Renditen an diesem Standort für noch nicht gekommen und vermietet den Tilsitern die in Teilen abgebrannte Bruchbude günstig und gleich für 15 Jahre. Das passiert 2012.

Mittlerweile besteht hier das Kulturzentrum »Zukunft am Ostkreuz« aus einem Konzert- und Theatersaal, einer Kneipe mit Biergarten, einer Galerie, einer Freilichtbühne, dem Hardrock-Keller »Tiefgrund« und – ganz wichtig – der »Brauerei Zukunft«.

»Zukunft ist für uns ein Ausprobierraum, unfertig, nicht festgelegt, so 'ne Art Kulturhaus im permanenten Umbruch, immer nach vorne gerichtet, denn die Gegenwart ist nicht so spannend«, erläutert Alexx Zahn die Philosophie des Ortes. »Ich hatte schon seit Jahren zu Hause

Bierexperimente mit so einem großen polnischen Emailletopf gemacht. Eigentlich war die Brauerei hier nur als Spielzeug gedacht«, lächelt der Brauer, »aber wir merkten schon bald, dass sie eine gute Geldquelle ist. Wir betreiben heute ein vom Bier subventioniertes Theater.«

Zahn zapft sich noch eine Dunkle Zukunft, durchaus passend, um noch einmal auszuholen: »Berlin hatte eine lange proletarische Kneipenkultur, doch dieser klassische Ansatz des sozialen Rauschortes ist längst verloren. Kneipe ist heute eher ein Ort für Hedonisten. In der Kneipe trafen sich aber früher Vertreter aller Stände beim Bier, Hilfsarbeiter wie Professoren. Gut, die DDR-Biere waren keine Meisterwerke, denn es fehlte einfach an Geld für die teuren Aromahopfen. Aber für 52 Pfennig hatte das Bier in der Kneipe noch eine soziale Komponente.« Alexx Zahn nimmt einen tiefen Schluck. »Nicht nur die Kneipenkultur geht kaputt. Das Bier, ein Jahrtausende altes deutsches Kulturgut, ist binnen 20 Jahren zugrunde gerichtet worden. Ein Desaster! Der Abstieg begann mit dem Versuch von Warsteiner, ein Bier zu brauen für Menschen, die eigentlich kein Bier trinken. Industriebier ist ein langweiliges Massengut. Das hat uns ruiniert. Es ist doch völlig absurd, dass heute die Amis kommen und uns erklären, wie das mit dem Brauen geht.«

Apropos Brauen sehen wir uns noch die 2014 in Betrieb genommene Brauanlage an. Unter einem selbstbewussten Chaos von Schläuchen entpuppt sich das Ensemble von Edelstahlkesseln als ein ganz probates Sudhaus, in dem bequem 500 Hektoliter pro Jahr zu sieden sind. Dank der Krise in der bayrischen Milchwirtschaft und dank Ebay dürfte diese Anlage die vielleicht preiswerteste Brauerei ihrer Größe in der ganzen Stadt sein. »Die Milchbauer tun mir richtig leid«, gesteht Zahn.

»Ich mache leichte Biere mit weniger Alkohol. Das helle ist ein naturtrübes Pilsener, aber mit sehr wenig Stammwürze, fast schon ein Schankbier«, beschreibt der Brauer seine Goldene Zukunft. »Der Zoll hatte richtig Probleme, das zu deklarieren. Das Bier, das ich mache, das gibt's eigentlich gar nicht, meinte der Zoll.« Das Gewerbeamt war auch recht verblüfft, dass die Zukunft einen echten Gewerbeschein hat. Sowas sind die Aufseher bei den zahlreichen illegalen Clubs an der Rummelsburg wohl nicht gewohnt. Wahrscheinlich wundert sich auch noch das Finanzamt, denn das »kulturelle und soziale Experiment« der Zukunft zahlt Einheitslöhne. Brauer und Zapfer bekommen den gleichen Lohn.

Dieses Kollektiv vom Ostkreuz versucht irgendwie, die Zeit anzuhalten. Die »Zukunft« ist ein nach vorne gerichtetes Retro-Experiment – »ja, wir sind eine Reminiszenz an die DDR«, sagt Zahn – eine Insel der Zeitseligen. Ihr Ort versprüht einen Hauch dieses unbändigen Drangs aus der Nachwendezeit, den Durst nach Freiheit und Rausch, den beflügelten Schrei, mit dem man Türen eintrat, um Platten aufzulegen oder sich zu lieben. Die Zukunft am Ostkreuz ist einer der beseeltesten Orte der Hauptstadt, ein Urort der Geschichte, einer der ganz wenigen Sehnsuchtsorte Berlins. Und das Bier der Zukunft ist sein reichlich fließender Schmierstoff.

STECKBRIEF

Brauerei Zukunft

Laskerstraße 5/Markgrafendamm
10245 Berlin
www.zukunft-ostkreuz.de
Tel. 0176 - 57 86 10 79
S-Bahnhof Ostkreuz

Öffnungszeiten
Mo–Do 17.30–1 Uhr, Fr–So 15.30–3 Uhr

Die Brauerei
Hausbrauerei seit 2014

Der Brauer
Alexx Zahn
geboren 1968 in Berlin-Prenzlauer Berg

Seine Biere
Goldene Zukunft, Dunkle Zukunft (Pils-/Schankbiere)

Seine Lieblingsbiere
»Zechbiere« mit viel Geschmack und wenig Alkohol

MITTE

Brauhaus Lemke und Brauhaus Mitte Charlottenburg und Mitte

Oliver Lemke: Yakitori in den S-Bahn-Bögen

Japaner sind mitunter lustig. »Hier ist das Equipment, machen Sie mir daraus eine Brauerei!« Diesen Auftrag erhält Oliver Lemke Anfang der 1990er-Jahre in Yamanashi von einem japanischen Weinbauer, der weinesmüde ist und Brauer werden will. »Seine Kessel waren aber völlig ungeeignet, mit oben offenen Sudfässern.« Diplom-Ingenieur Lemke mit seinem respektablen Braumeister-Abschluss von der Berliner Versuchs- und Lehranstalt hat also reichlich zu tun im Land der aufgehenden Sonne. »Den Lemke, den kannste holen, der kannet«, sagt man in Berlin über den gebürtigen Sauerländer und leidenschaftlichen Fernreisenden. Aber Lemke kann nicht überall sein. »Die japanischen Brauer hatten am Ende die Fassreinigungsanlage direkt an den Dampfkessel angeschlossen. Der stand unter einem Druck von 10 bar – Bums!« Splitter fliegen durch das Kesselhaus, und es gibt einige Verletzte.

Lemke hatte bis dahin schon bei einigen Berliner Gasthausbrauereien wie Aschinger und Georgbraeu gearbeitet, aber auch bei Jever in Friesland und sogar bei Polar in Venezuela. Da denkt er sich nach dem lauten Bums von Yamanashi, als mobiler Braumeister und Brauereitechniker zu arbeiten, hat sicher Zukunft. »Ich habe dann einen Braumeister-Vertretungsservice gegründet. Mein erster Job mit der Firma war ein Brauhaus in Wismar.« Obwohl Oliver Lemke dort zwei Wochen hart arbeitet, dürfte die Brauerei heute niemand mehr kennen. Denn »meine Rechnung wurde anschließend vom Insolvenzverwalter der Brauerei beantwortet. Das ganze Dingen war ein einziger Flop.«

Die zweite Japanreise 1994 ist nicht weniger ambitioniert. Ein Brauanlagenhersteller aus Hamburg will eine Gasthausbrauerei in einer Golfplatz-Gastronomie von Fukuoka aufbauen. »Den Lemke, den kannste holen ...« Oliver Lemkes zweite Japanreise verläuft vergleichsweise geordnet und ohne Bums. »Aber nach diesem Trip spürte ich, dass ich es selbst machen muss. In Japan kam mir die Idee, meine eigene Brauerei

Oliver Lemke (m.) mit Brauern bei der Bierprobe

in Berlin zu bauen.« Mit offenem Grill und Yakitori-Spießen wie in Fukuoka auf dem Golfplatz.

Zurück in Deutschland, schreibt sich Oliver Lemke in einen Schweißkurs ein, mietet eine alte Garage an und schweißt und schraubt. »Ich habe rund 800 Stunden Arbeit in meine erste eigene Brauerei investiert«, sagt er. In dieser Garage beginnt die bis heute erfolgreichste Mikrobrauer-Karriere von Berlin. Die jungen, aufstrebenden Brauer der Stadt mögen es ihm nachsehen, aber Lemke bringt es binnen 15 Jahren vom Kesselflicker zum Umsatz-Millionär.

Die Deutsche Bahn beendet 1999 die Zwischennutzung zahlreicher S-Bahnbögen im Osten Berlins. In den Bögen 143 und 144 zwischen Hackescher Markt und Alexanderplatz muss ein Flohmarkt weichen. In diesen Gewölbehallen unter dem gedämpften Dröhnen der Berliner Stadtbahn verkauft Oliver Lemke 1999 erstmals sein eigenes Bier. »Meine erste Brauerei produzierte bis zu 200 Liter am Tag«, erinnert sich Lemke. Binnen sechs Monaten entstehen 40 verschiedene Biere. »Das Bier lief gut, nur die Yakitori-Spieße kamen nicht an.« Das mit dem offenen Grill war im Berlin des vergangenen Jahrtausends nicht

Kupferbeschichte Brauanlage im Brauhaus Mitte

zu vermitteln. »Um wirtschaftlich zu überleben, musste ich einen konservativen Ansatz fahren. Und das hieß: Buletten und Schweinshaxe aus der Küche.« Doch auch das reichte viele Jahre nicht. Lemke hält den Laden über Wasser, macht aber sein Geld mit der »Lemke Brew Systems GmbH & Co. KG«. Der Brautechniker entwickelt und installiert Anlagen weltweit, in Brandenburg, auf Teneriffa und in der Mongolei.

Vier Jahre nach dem ersten Anstich und 5,7 Bahnkilometer oder 338 S-Bahn-Bögen weiter westlich erhält eine uralte West-Berliner Traditionskneipe die Räumungsklage: die »Tiergartenquelle«. Von einem gastronomisch nicht interessierten Kampfsportler, der zufällig auch Lemke heißt, übernimmt Oliver Lemke Bogen 482. Ein paar Jahre später kommen Bogen 481 und ein Biergarten auf der anderen Seite der Bachstraße dazu. »Am Tiergarten habe ich nie gebraut. Hier verkaufe ich mein Bier aus Mitte«, erläutert der bahnbogenaffine Geschäftsmann. »Aber in der Quelle biete ich zusätzlich Schultheiss an. Das schulde ich der alten Tradition der Gaststätte.«

Die gerade bei jungen Leuten beliebte Tiergartenquelle ist allenfalls ein kleines, gastronomisches Spielzeug für einen leidenschaftlichen

Liebhaber der S-Bahn-Bögen. Den großen Sprung macht Oliver Lemke dann am Alexanderplatz. Hier übernimmt er »Leopold's Brauhaus«, die einstige »Gasthausbrauerei Alexander Bräu«, und gründet sein »Brauhaus Mitte«. Seit 2004 braut er an diesem Standort nach seinen erprobten Rezepten bis zu 1500 Liter Bier pro Sud. Der gewaltige in blitzblankes Kupfer gehüllte Sudkessel steht als Herz der Brauerei in der Mitte des von außen so nüchternen Gasthauses. Dazu gibt es deftige deutsche Küche. Das schlägt ein; besonders bei den mit dem Alex verwachsenen Ostberlinern, aber auch bei den weltweit anreisenden Touristen und Hunderten von Firmen- und Gruppen-Events. Hier liegt der Schlüssel des Lemkeschen Geschäftsmodells. Oliver Lemke verkauft pro Jahr rund 3000 Hektoliter Bier in seinen eigenen, großen Gastronomiebetrieben und reicht das volle Programm von Apfelmus bis Zwiebelmett gleich dazu. Eingeschlossen ist dabei die einstige Gasthausbrauerei Luisen-Bräu, die Lemke 2007 übernimmt. Zwischen Charlottenburger Schloss und der Botschaft von Kirgisistan gärt sein Bier seither auch im »Brauhaus Lemke am Schloss«. So etwas nennt man Synergieeffekt und Effizienz. Romantisch ist das nicht, doch Bier muss auch nicht romantisch schmecken. Aber ist der große Lemke noch ein Mikrobrauer? Ein Craft Bier-Brauer will er allemal sein. Im Brauhaus am Schloss hält er jederzeit vier verschiedene Biere am Zapfhahn vor und verspricht, dass es demnächst acht werden: Neben den Hausbieren und wechselnden Kreationen auch stets ein Imperial Indian Pale Ale und ein Imperial Stout Barrique. Selbst sein langjähriges Erfolgsbier Lemkes Pilsner will der Schöpfer in Zukunft verändern und nach böhmischer Art brauen. Allerhand.

»Wir bewegen uns in Deutschland seit Anfang der 1970er-Jahre auf einem öden Pfad«, erläutert der Bier-Sommelier vom S-Bahn-Bogen. »Die Massenbiere sind dank modernster Labortechnik zwar handwerklich einwandfrei, doch gerade die Premiumbiere nehmen die Bitterstoffe seit Jahren zurück, und der Konsument der großen Fernsehmarken kennt die Vielfalt nicht mehr. Ob Heidenpeters, Lemke oder Eschenbräu, wir alle müssen unsere Leute überzeugen: So kann Bier schmecken. Wir brauchen einen kompletten Relaunch.«

»Ich persönlich liebe barriquegelagerte, dunkle Biere, gerne mit einem Schoko-Vanille-Aroma«, verrät Lemke seine Leidenschaft. »Durchaus starke Biere mit über acht Prozent Alkohol. Man nennt sie auch Kaminabendbiere.«

Heute errichtet der etablierte Brauer und Vater von vier Kindern nur noch selten Braustätten in Übersee. Doch er reist noch genauso gerne wie zu Zeiten mit dem großen Bums. Gerade kehrt er zurück von der Craft Brewers Conference in Denver, USA. Dieses Mekka der weltweiten Craft Bier-Szene zählt 2014 einen irren Zuwachs an Fachbesuchern. Und Oliver Lemke sitzt dort in der Jury des World Beer Cup. Hier geht es schlicht darum, vor 9000 Konferenzteilnehmern 4754 verschiedene Biere von 1403 Brauern aus 58 Ländern in 95 Kategorien binnen drei Tagen zu verköstigen und zu sagen: »Det isset«. Bei den Kleinbrauereien gewinnt 2014 übrigens die Pelican Brewery aus Pacific City in Oregon. Oliver Lemke überlebt den Wettbewerb.

STECKBRIEF

Brauhäuser Lemke und Mitte

Drei Brauerei-Standorte:

Am Hackeschen Markt
Dircksenstraße, S-Bahnbogen 143/144,
10178 Berlin
Tel. 030 - 24 72 87 27
S-Bahnhof Hackescher Markt, S/U Alexanderplatz

Öffnungszeiten
täglich ab 12 Uhr

Am Schloss Charlottenburg
Luisenplatz 1
10585 Berlin
Tel. 030 - 30 87 89 79
www.brauhaus-lemke.de
Bus 109, 309, M45 Schloss Charlottenburg

Öffnungszeiten
täglich ab 11 Uhr

Brauhaus Mitte
Karl-Liebknecht-Straße 13
10178 Berlin
Tel. 030 - 30 87 89 89
www.brauhaus-mitte.de
S/U Alexanderplatz

Öffnungszeiten
Mo–Fr 16.30–24 Uhr, Sa + So 11.00–24 Uhr

Die Brauereien
Gasthausbrauereien seit 1999 mit Restaurant, Veranstaltungen und Gesellschaftsräumen

Der Brauer
Oliver Lemke
Diplom-Brauingenieur, Bier-Sommelier
geboren 1967 in Brilon
in Berlin seit 1981

Seine Biere
Lemke Original (Wiener Lager), Lemke Bohemian Pilsner, IPA, Pale Ale, Hopfenweisse, Weizenbier, Imperial IPA, Imperial Stout und saisonale Spezialitäten

Seine Lieblingsbiere
Barriquegelagerte »Kaminabendbiere«

Brauhaus Georgbraeu Mitte / Nikolai-Viertel

Oliver Kaßan: Ein Leben für ein Brauhaus

Oliver Kaßan war ein Brauer, der für sein Bier lebte. Ein Enthusiast, einst der jüngste Braumeister Berlins und der Mitgründer der heute ältesten Gasthausbrauerei der Hauptstadt. Der Mann aus dem Wedding war einer, dem das Sudhaus am Spreeufer gerade die Lebensenergie schenkte, mit der er sich dann nahezu selbstlos verausgabte, wenn es um das Bier und das Brauhaus ging; einer, den es jedes Mal mit Glück erfüllte, wenn er wieder einen Sud abgeschlossen hatte. Ein Brauer mit nie gebrochenem Stolz auf seine eigenen Biere, obwohl sie ihm persönlich immer zu mild waren. Oliver Kaßan mochte es herber, aber die Leute wollten's leicht.

Ein Anruf genügte, und Oliver Kaßan verließ jede Feier, jede Veranstaltung, schwang sich auf sein Motorrad und fuhr zum Brauhaus. Auch nach seiner Erkrankung im Jahr 2011 nutzte er jeden freien Tag zwischen den zahllosen Klinikaufenthalten für seine Brauerei, wo ihn sein Bruder übergangsweise vertrat. Oliver Kaßan steuerte die Brauerei selbst noch vom Krankenbett aus, bis es irgendwann nicht mehr ging. Bis er im Juli 2014 verstarb. Bei einer seiner letzten Betriebsversammlungen – sein großes Team still und stumm im Brauhaus versammelt, der Braumeister gezeichnet von heftigen Therapien – sagte Oliver Kaßan: »Niemand muss wegen meiner Krankheit Angst um seinen Job haben«.

Niemand. »Ich halte das. Ich löse das ein«, weiß seine Frau Annett Kaßan in diesem Moment. »Mein Mann hat mich mit seiner Begeisterung mitgezogen«. Längst hat die gelernte Einzelhandelskauffrau die Geschäfte des Brauhauses übernommen. Annett Kaßan kündigte schon vor Jahren ihre leitende Stellung bei einem renommierten Händler für Kochgeschirr, um ihrem Mann, dem unermüdlichen Braumeister, den Rücken frei zu halten, erst recht, nachdem der langjährige Gründungspartner des Brauhauses und Freund der Kaßans 2010 aus Georgbraeu aussteigen will.

»Und heute bin ich die Chefin, obwohl ich das eigentlich nie sein wollte«, sagt Annett Kaßan, eine zierliche Frau mit einem sanften

Brauhaus Georgbraeu: Aushängeschild an der Spree

Lächeln, selbstbewusst, mutig, überzeugt. »Ich bin im Brauhaus mehr die Konfliktlöserin. Ich komme ins Spiel, wenn das Zwischenmenschliche ansteht.« So was steht in einer Gastronomie mit 600 Sitzplätzen schon öfter mal an. Auch unter den 35 Angestellten gibt es schon mal Probleme. »Aber es hat sich in den vergangenen Jahren schon einiges verändert. Unser Personal ist heute freundlicher und weniger berlinerisch.« Ehrlich ist die in Pankow geborene Brauhaus-Chefin auch noch.

Ihr Brauhaus Georgbraeu ist das zentralste der Stadt. Es liegt im historischen Stadtkern Berlins, dort, wo im Mittelalter die ersten heimischen Braubottiche Berlins in den Hinterhöfen der Wohnhäuser dampften. Das vor und nach der Wende aufwendig sanierte Nikolaiviertel ist heute ein Hotspot internationaler Berlin-Touristen. Hier gründete sich die Stadt Berlin im Jahr 1244, vis-à-vis und verbunden über den Mühlendamm mit Cölln am Südufer der Spree.

Namensgeber für das Brauhaus Georgbraeu ist das Reiterstandbild des Heiligen Georg, der Drachentöter und Märtyrer. Das einstmals auf dem Hof des Stadtschlosses gestandene Bronzebildnis von 1855 dominiert heute den trapezförmigen Platz am Ufer der Spree, um den sich noch ein paar weitere Gasthäuser angesiedelt haben.

Brauer Gregor Schwadtke: Zufrieden mit der Gärung

Berlins älteste Kleinbrauerei verschreibt sich nahezu ganz den Berlinreisenden. »Wir haben Gäste aus aller Herren Länder«, erzählt Annett Kaßan. »Japaner, Chinesen, Italiener, Spanier, Russen, von überall her.« Deswegen kennen die meisten Berliner das touristische Filetstück Nikolai-Viertel und sein Brauhaus wohl nur vom Fahrrad-vorbei-Schieben oder wenn die Eltern zu Besuch kommen. »Es sind tatsächlich nicht allzu viele Berliner Gäste«, gesteht sie. »Aber zumindest hier am Stammtisch treffen sich schon seit Jahren die Senioren der Bundesdruckerei«. Die Räume sind gemütlich, bürgerlich, man sagt auch »urig«. Sie heißen Hopfenstube, Bauernstube oder Brauhof. Hinter der Theke die blankpolierten Sudkessel, auf der Theke der Drachentöter in Holz. Es gibt klassische deutsche und deftige Berliner Küche mit dem ständigen »Brauhausknüller« für 10,92 Euro, Eisbein mit Gedeck.

Mit dem Tod Oliver Kaßans muss dringend ein neuer Brauer her. Annett Kaßan ruft einen alten Bekannten an, Wilko Bereit von der Neuköllner Brauerei Am Rollberg: »Wilko, ich brauche einen Brauer«. Wilko Bereit erinnert sich an einen jungen Brauer, den er im Mai 2014 auf dem Craft Bier-Fest auf dem RAW-Gelände nach langer Zeit wiedergetroffen hatte und ruft an. »Gregor, hier ist Wilko. Was machst du gerade so?«

Gregor Schwadtke macht gerade nichts und denkt nach. »Plötzlich hatte ich zwei Angebote. Entweder zurück zu meiner alten Firma in der Wuhlheide, wo wir in einer Versuchsanlage glutenfreies Bier und Anti-Aging-Biere entwickelt haben. Oder Brauer werden bei Georgbraeu.« Am Ende entscheidet er sich für das Brauhaus. »Nach so viel Arbeit an Rechnern und im Labor im vorherigen Betrieb hatte ich wieder Lust auf Handwerk, auch wenn Brauen meistens Saubermachen heißt ...«

Er kennt sich da aus. Nach seinem Zivildienst und einem abgebrochenen Chemiestudium gelangt der Brandenburger durch eine Entscheidung des Schicksals ans Brauen. »Ich suchte damals was Neues. Und weil ich gerne Bier trinke und viel auf Rockkonzerte gehe, habe ich mich parallel für Veranstaltungstechnik und Brauereiwesen beworben, in mehreren Städten«, erzählt der nette Brauer von seinem Ausbildungs-Roulette. The first to come, the first to go: Von 2004 bis 2006 macht Schwadtke seine Ausbildung zum Brauer und Mälzer in der Berliner Schultheiss-Brauerei. Als der Konzern ihn trotz sehr gutem Abschluss und entgegen früherer Zusage nicht übernimmt, steht er auf der Straße.

Über eine Jobseite findet er schließlich Arbeit in Sailauf bei Aschaffenburg, als Brauer in einem »typisch deutschen Brauereigasthaus«, so die Hauswerbung. Nach einem Tag Einarbeitung geht es ans Brauen. Wenn nichts mehr zu brauen ist, schenkt er am Tresen Bier aus. Bei lustigen Events serviert er wahlweise das Ritter- oder Piratenessen. Typisch deutsch. »Nach zehn Monaten hatte ich die Schnauze voll!«

Gregor Schwadtke geht zurück nach Berlin, um nun seinen Bachelor und seinen Master in der Lebensmitteltechnologie zu absolvieren. Nach dem befristeten Job in der Wuhlheide kommt dieser wegweisende Anruf von Wilko Bereit.

»Mein Traum ist es natürlich, eines Tages eine eigene Brauerei zu haben, aber ich habe Angst vor dem hohen finanziellen Risiko«, ist Gregor Schwadtke heute zufrieden mit seinem Job bei Georgbraeu. Und Annett Kaßan ist zufrieden mit ihrem neuen Brauer.

»Vielleicht übernimmt mein Sohn eines Tages das Brauhaus«, überlegt sie. Der ist gerade 20 und will ebenfalls Brauer werden, wie sein Vater. »Ich habe ihm gesagt, das finde ich gut«, so die Mutter. »Aber die

Ausbildung machst du nicht bei uns im Betrieb! Hier wirst du bloß mit Samthandschuhen angefasst, hier biste immer der Sohn der Chefin.« Klare Ansage. Respekt.

STECKBRIEF

Brauhaus Georgbraeu

Spreeufer 4
10178 Berlin
Tel. 030 - 242 42 44
www.georgbraeu.de
Bus 248, 265, M48 Fischerinsel

Öffnungszeiten
täglich 12–24 Uhr

Die Brauerei
Gasthausbrauerei seit 1992, Restaurant, große Bierterrasse, kleine Brauereiführungen

Die Brauer
Oliver Kaßan
Braumeister
geboren 1965 in Berlin-Wedding
gestorben 2014

Gregor Schwadtke
Brauer und Mälzer, Lebensmitteltechnologe
geboren 1981 in Beeskow, Brandenburg
in Berlin seit 2002

Seine Biere
Georgbraeu Helles und Dunkles

Seine Lieblingsbiere
Das Aktien-Zwickl aus Bayreuth und im heimischen Experiment gerne Biere mit Zitrusaromahopfen

Die Radeberger Gruppe

Der Konzern, der Kindl, Schultheiss und Berliner schluckte

Eine einzige Berliner Braustätte braut heute rund 98 Prozent aller Biere aus Berlin. Sie liegt in der Indira-Gandhi-Straße 66–69 im Lichtenberger Ortsteil Alt-Hohenschönhausen und heißt Berliner-Kindl-Schultheiss-Brauerei. Das Unternehmen gehört dem Nahrungsmittel-Konzern von Dr. August Oetker aus Bielefeld und versteht sich wenig schüchtern als »Bewahrer deutscher Bierkultur«. Dr. Oetkers Biere werden bundesweit derweil nach dem Motto »Markenvielfalt statt Monokultur« an 14 deutschen Standorten gebraut.

Im globalen Biergeschäft liegt Dr. Oetker jedoch weit hinter der Spitze. Der Weltmarkt wird beherrscht von derzeit noch fünf Konzernen: das belgisch-brasilianische Unternehmen Anheuser Busch InBev, die britische SAB Miller, die Heineken Brauerei in den Niederlanden, Carlsberg in Dänemark und die China Resources Snow Breweries Ltd. teilen sich heute etwa die Hälfte des Bier-Weltmarktes.

Hierzulande ist Bier das Kerngeschäft von Dr. Oetkers Getränkesparte »Radeberger Gruppe«. Doch der Bierkonsum in Deutschland sinkt seit 20 Jahren kontinuierlich. Der Druck wächst. Die Radeberger Gruppe will sich gerade »mit einem innovativen Unternehmensmodell« gegen den Trend behaupten. Da löst ihr größter Konkurrent auf dem deutschen Biermarkt, die Anheuser-Busch InBev Germany Holding GmbH (Beck's, Franziskaner u.v.a.m.), ein langwieriges Ermittlungsverfahren aus. An dessen Ende überführt das Bundeskartellamt die großen deutschen Braukonzerne der Preisabsprachen und verhängt bis Anfang 2014 Bußgelder in Höhe von insgesamt 338 Millionen Euro, eine der höchsten Kartellrechtsstrafen der deutschen Geschichte.

Zurück nach Berlin. Von den offiziell 13 Millionen Hektolitern Getränkeabsatz der Radeberger Gruppe im Jahr 2013 entfielen auf die Berliner Großbrauerei 1,5 Millionen, wie auf einer Brauereiführung zu erfahren ist. Davon dürften etwa 90 Prozent auf Berliner Biere entfallen. Die übrigen auf Marken aus dem Umland wie »Rex« oder »Märkischer Landmann«.

Berliner-Kindl-Schultheiss-Brauerei in der Indira-Gandhi-Straße

Genaue Zahlen für den Standort Berlin rückt die Radeberger Gruppe nicht heraus.

Der Getränkemulti aus Ostwestfalen braut an der Spree sein Berliner Pilsener als selbsternannte »Premium-Marke«. Daneben werden Berliner Kindl und Schultheiss als weitere große Labels des Hauses angepriesen. In kleineren Mengen braut man noch das traditionelle Charlottenburger »Engelhardt«, das es nur noch im Fass gibt. Noch immer gibt es eine kleine Produktion von »Bärenpils« und »Herren Pils«, gebraut für das eigene Tochterunternehmen Getränke Hoffmann. Seit 2010 entsteht hier auch das zuletzt aufgekaufte »Berliner Bürgerbräu«. Von dieser Ur-Friedrichshagener Marke gibt es übrigens ein äußerst schmackhaftes »Rotkehlchen«, Highlight jeder Verköstigung in der brauereieigenen Gambrinusschänke in Lichtenberg. Häufig wird bei Kindl zudem das »Sterni« aus Leipzig abgefüllt.

So eine Brauereibesichtigung an der Indira-Gandhi-Straße mag eingefleischte Bierfreunde enttäuschen. Großer PR-Auftritt, niedriger Unterhaltungsfaktor. Dennoch erfährt man zwischen den Werbebotschaften und Kalauern der Brauereiführerin ein paar interessante Details. »Wenn sie alle blau leuchten, sind wir miteinander verbunden«, macht die

Brauereiführerin zunächst den Headset-Test, bevor sie zuschlägt: »Unsere Brauerei ist die letzte Brauerei Berlins!« Die aufmerksamen Leser dieses Buches werden merken, dass man hier im Hause Berliner-Kindl-Schultheiss vor lauter »Pflege der Vielfalt« die Realität etwas aus dem Blickwinkel entgleiten lässt.

»Unsere Biere unterscheiden sich letztlich nur in Nuancen voneinander« wiederum ist ein Satz, den wir der Dame unwidersprochen abnehmen. Denn der wesentliche Unterschied zwischen Kindl, Schultheiss und Berliner – um die kleinen Marken geht es bei der Führung erst gar nicht – liege darin, dass in den Sudkessel zu den 28000 Litern Wasser und den 12000 Kilo Malz nunmehr sechs, sieben bzw. acht Kilo Hopfenextrakt zugesetzt werden. Da braucht man also nur den kleinen Rechenschieber. Und ein gesundes Grundvertrauen in die Maschinen, denn »mit dem Bier selbst kommen wir kaum mehr in Berührung«.

Das einzige, was der Besucher jenseits von Werbefilmen, kurzem Kesselblick und dem Hofgang zwischen Türmen von Bierkästen wirklich erlebt, ist die beeindruckende Abfüllanlage, wo eine Handvoll Abfüller 50000 Flaschen Bier in der Stunde bezapft. Allerhand!

Gute alte Zeiten bei Schultheiss

Berliner Marcus Bräu Mitte / Alexanderplatz

Marcus Barkowsky: »Bier brauen ist wie Kuchen backen«

Schwarze Natascha, süße Natascha – hingebungsvolles Liedgut im Berliner Marcus Bräu in Mitte. *Dir gehört mein Herz die ganze Nacht.* Noch sind keine Gäste da, doch die Stimmung wird volksmusikalisch angerührt. *In Junkers Kneipe, beim Bier und Weibe, da saßen wir beisamm. Ein edler Tropfen, aus bestem Hopfen uns durch die Kehle rann.* Ein junger Mann mit britischem Akzent kommt herein und bestellt eine Bulette. Mit Schrippe, sagt er. 2,20 Euro macht das. *Schwarze Natascha, nur dir allein.*

»Wissen Sie, Bier brauen ist wie Kuchen backen«, erklärt der Gasthausbrauer Marcus Barkowsky. »Ich mache das ja nicht aus Spaß an der Freude. Das hat ökonomische Gründe. Das ist so einfach wie Pizza machen: Mehl, Wasser, Hefe. Und man hat einfach mehr Wertschöpfung.«

Barkowsky ist gebürtiger Berliner aus Pankow und gelernter Gas- und Wasserinstallateur. »Ich habe mir vor Jahren ein Heimbrauset besorgt, hier und da anderen über die Schulter geguckt, bum-bum-bum, fertig.« Seine Familie führt da bereits die Kneipe in der Nähe vom Alexanderplatz, schon seit kurz vor der Wende. »Man muss sich von der Masse abheben«, beschreibt Barkowsky seinen Weg zum eigenen Bier. »Autodidaktisch. Alles, was man denken kann, kann man machen.« Jetzt spielen die Zillertaler Schürzenjäger *Dahoam is dahoam.*

Die Kneipe ist etwas auf »Eiche rustikal« gehalten, ein paar Sitzbänke stehen auch draußen auf dem schmalen Gehsteig. Auf den Tischen seichte IKEA-Dekoration. Das Marcus Bräu wird besonders zur Schweinshaxe empfohlen: 900 g Haxe, Rohgewicht, in Schwarzbiersoße, mit Sauerkraut und Brot. Es ist auch als Meterware erhältlich. Oder gleich im Zapfturm. Vor den Geldspielautomaten tippt eine junge Asiatin gelangweilt auf ihrem Handy herum.

»Hier ist viel Fluktuation. Sanierung, neue Wohnungen, Ferienwohnungen. Die Bevölkerung ist wie ausgetauscht«, sagt Barkowsky. »Im Sommer kommen viele nette Engländer. Im Winter mehr das britische

Speisetafel im Schankraum: Haxe in Schwarzbier

Prekariat. Das gibt dann schon mal Ärger.« Irgendwer hat eine Biografie von dem englischen Schauspieler Sir Laurence Olivier im Gastraum liegen lassen. Es ist also Spätsommer. »Freitags kommen vor allem wohlhabende Rentner, die sich die Mieten hier noch leisten können.«

Aber das werden naturgemäß immer weniger. Es hat sich viel gewandelt am Alex, oder wie Barkowsky sagt: »Diese Stadt war mal in einem anderen Land.« Das ist aber auch schon eine ganze Weile her, denke ich. »Früher haben die Leute viel mehr getrunken, vor allem Futschi. Kennen Sie das? Futschi ist Cola-Weinbrand, also früher mit Goldkrone, dem Weinbrand-Ersatz aus der DDR. Sie sind aus den alten Bundesländern, oder?« Ertappt, ich bin kein ausgewiesener Futschi-Experte.

»Die Sachen müssen sich entwickeln«, sagt Barkowsky. Der Marcus-Brauer ist kein Purist: Er verkauft auch Bärenquell und Maisel's. Unter dem Fenster stehen sogar zwei Kisten Kindl. »Das Veltins-Schild draußen will ich schon lange abnehmen.« Denn mit Veltins habe er schlechte Erfahrungen gemacht, betont er. »Aber ich habe nicht so 'ne hohe Leiter.« Aber vielleicht eine Treppe in den Keller? – Nein, den Braukeller dürfen Besucher nicht betreten. »Wegen der Hygiene.« Und auch keine Fotos vom Brauer: »Keine Fotos und keine Fremden in die Wohnung lassen, sage ich immer.« Ich fotografiere das Schild mit der Bulette.

Es ist sehr spät schon, der Wirt, der schläft schon, das Bier wird langsam schal. In mir erwächst ein immer stärkeres Mitgefühl mit dieser Natascha und ich bete, dass sie von ihrem erbärmlichen Songwriter nur erfunden ist. *Bevor wir gehen und Abschied nehmen, da singen wir noch mal.* Ich singe nicht. Ich gehe still.

STECKBRIEF

Berliner Marcus Bräu

Münzstraße 1–3
10178 Berlin
Tel. 030 - 247 69 85
www.marcus-braeu.de
U/S-Bahnhof Alexanderplatz

Öffnungszeiten
Mo–Fr 12–24 Uhr, Sa und So 16–24 Uhr

Die Brauerei
Gasthausbrauerei seit 2000

Der Brauer
Marcus Barkowsky
geboren 1975 in Berlin-Pankow

Seine Biere
Marcus Bräu Hell und Dunkel

Sein Lieblingsbier
nicht bekannt

PRENZLAUER BERG / PANKOW

Pfefferbräu Bergbrauerei Prenzlauer Berg / Pfefferberg

Ingo Woesner: »Ich bin aussterbendes Wild, ein waschechter Ossi«

Am Pfefferberg braute einst eine der ältesten Brauereien Berlins. Vor wenigen Jahren ist es tatsächlich gelungen, wieder eine moderne Braustätte mit atmosphärisch schöner Schankwirtschaft zu errichten. Selbst der über 170 Jahre alte Biergarten des Brau-Areals ist zurückgekehrt und wird mit selbst gebrautem Bier versorgt.

Der zuständige Braumeister ist dabei derselbe wie im Brauhaus Südstern, Thorsten Schoppe, der Tausendsassa der Berliner Brauerszene. Sein Portrait findet sich auf Seite 110. Thorsten Schoppe hat für die junge »Bergbrauerei« am alten Pfefferberg zwei eigene Biere kreiert, die als »Pfefferbräu« durch die Zapfhähne laufen.

Dass es zu der Wiederbelebung der Braukultur an diesem Standort kommen konnte, ist aber einem anderen zu verdanken: Ingo Woesner, Schauspieler, Comedian, Visionär und – so gelangt er in diese Portraitreihe – unnachgiebiger Brauerei-Macher, durchaus auf Umwegen. Gemeinsam mit seinem Zwillingsbruder Ralph spielt er seit vielen Jahren in dem am Prenzlauer Berg berüchtigten Duo der »Woesner Brothers«. Sie sind verantwortlich für das »Chaos in Verona«, sie schicken Faust »zur Hölle« und führen als »Drei Mamas vom Kollwitzmarkt« einen ganz normalen Tag am Prenzlberg in bedrohliche Turbulenzen. Die Zwillinge sind ausgebildet an der international renommierten Ernst-Busch-Schauspielschule. Aber wie kommt ein Bühnenprofi nun dazu, eine Brauerei zu gründen?

Ingo und Ralph Woesner – »Zwei Genies am Rande des Wahnsinns« – gehen einige Jahre mit einer Karl-Valentin-Revue auf Tour, bevor sie am Kollwitzplatz heimisch werden und 2005 am Bauspielplatz »Kolle 37« das Sommertheater übernehmen. Sie schreiben und spielen zahlreiche Stücke, vor allem für Kinder. »Wir hatten dort allein im Sommer rund

Brauerei-Areal am Pfefferberg

60 Open-Air-Auftritte«, erinnert sich Ingo Woesner. »Im Winter gingen wir weiter auf Tour. Das wurden schnell 130 Vorstellungen im Jahr«, erzählt der hagere Schauspieler mit einem nachdenklichem Blick, als er über den Dächern der Pfefferberg-Brauerei steht und dem Biergarten-Fest im Hof zusieht. »Irgendwann wurde uns klar, wir verbringen ein Leben auf der Autobahn, mit dem Computer auf den Beinen.«

Tourneetheater zehrt einen irgendwann auf. Ende 2007 entdecken die Zwillinge den sich wandelnden Pfefferberg, ein historisches Brauereigelände an der Schönhäuser Allee, das sich bereits einige Jahre in Sanierung befindet, nicht weit vom Kollwitzplatz. »Da haben wir uns die

Baustelle angeguckt. Uns war schnell klar, auf dem Pfefferberg wollen wir ein Theater aufbauen.«
Die Woesner Brothers treffen auf offene Ohren beim Eigentümer, dem gemeinnützigen VIA Unternehmensverbund. Schnell finden sie eine neue Heimat in der Feuerwehrgarage der alten Brauerei, in der sie fortan rund 330 Veranstaltungen durchführen. Die große Garage ist aber recht primitiv und keine professionelle Dauerlösung. Vor allem Ingo Woesner ist längst von dem Areal ergriffen und will mehr aus seinem Pfefferberg-Projekt machen. »Ich hatte die Idee, dort, wo der alte Joseph Pfeffer eine der ersten Brauereien Berlins gegründet hatte, wieder Bier zu brauen.«

Die bewegende Geschichte der Pfefferberg-Brauerei – siehe dazu auch den historischen Beitrag im folgenden Kapitel – inspiriert den Theatermacher Ingo Woesner so sehr, dass er zum Biergarten-Jubiläum 2014 den alten Joseph Pfeffer in einer Zeitmaschine auf den Hof beamen lässt. »Bis hierhin war es aber noch ein langer Weg«, erzählt Woesner.
Nach der Feuerwehrgarage bekommt Woesner von den Eigentümern des Areals die Zuständigkeit, für die in Ruinen liegende ehemalige Schankhalle des Pfefferbergs ein Konzept mit Kultur und Gastronomie

Mehrere Restaurants servieren im Sommer auf dem alten Brauereihof am Pfefferberg

Der Biergarten auf dem Pfefferberg

zu entwickeln. Sofort denkt er an eine neue Gasthausbrauerei in alten Mauern.

Er beginnt seine Suche im Internet. »Ich habe einfach ›Berlin‹ und ›Braumeister‹ bei Google eingegeben.« Ein paar Klicks weiter erscheint ihm das Foto von einem Menschen, der kopfüber in einem Stahlkessel steckt. Untertitel: »Wir gehen der Sache auf den Grund. Auch wenn's weh tut!« So einer hat Ingo Woesner, der als junger Schauspieler eine Zeit lang beim Casting für das ZDF arbeitete, gerade noch gefehlt: »Thorsten Schoppe hat eine professionelle Ausbildung, hat viel Erfahrung und er ist jung und verrückt genug.« Beim Biergartenfest läuft der viel gefragte Brauer gerade mit seinem ganz speziellen Superman-Gersten-T-Shirt über den Hof.

»Alle haben mir anfangs abgeraten, die Architekten und die Haustechniker sowieso«, ist der Schauspieler heute stolz über sein Durchhaltevermögen in Sachen Braustätte. Über die Kranarbeiten und millimetergenaue Einpassung der Kessel in die umgebaute Schankhalle von 1893 und in ihre Keller kann er stundenlang erzählen. Immerhin war Woesner

Ingo Woesner: Brauereimacher und Schauspieler

früher mal Elektromonteur im Nebenberuf. Kurzum: Am Ende steht ein beachtliches und »maßgeschneidertes« 10-Hektoliter-Sudwerk von Rabek Engineering aus Hamburg im neuen Restaurant am Pfefferberg; und Thorsten Schoppe mit tiefem Blick in den dampfenden Sud gleich daneben. Mission erfüllt.

Der antiken Schankhalle, eines von 21 Gebäuden des Areals, blieben die großen Rundbögen zum Biergarten erhalten. Wenn auch die Innengestaltung einen neuen Raum erstrahlen lässt, so sind im Detail viele alte Bauelemente, wie Träger aus genietetem Stahlfachbau und originale Klinkersteine, verarbeitet. Dem alten Joseph Pfeffer würde es gefallen. Während das vollmundige Pfefferbräu heute reichlich vom Sudhaus in die Gär- und Lagerkeller fließt und mit guter Reife zurück in den Schankraum, konzentrieren sich die Woesner Brothers wieder auf das echte Theater, auf ihr Komödienhaus für 254 Besucher.

Wie eine tiefe Verbeugung, eine Hommage an den etwas durchgeknallten Komödianten vom Kollwitzplatz, wirkt es, dass die Bergbrauerei in einer kleinen Nische des Lagerkellers eine winzige Wasch- und

Abfüllanlage installiert hat. Hier wird eine kleine Flaschenedition des Pfefferbräus abgefüllt, exklusiv für die Besucher des Pfefferberg Theaters »Woesnerei«, ein historisches Pausenbier.

STECKBRIEF

Pfefferbräu Bergbrauerei

Schönhauser Allee 176
10119 Berlin
www.pfefferbraeu.de
Tel. 030 - 47 37 73 62 40
U2 Senefelderplatz

Öffnungszeiten
Restaurant: Di–Sa 17.30–23 Uhr, So 17.30–22 Uhr
Biergarten: Bei schönem Wetter täglich ab 17 Uhr

Das Theater in der Schankhalle
WOESNEREI – Pfefferberg Theater
www.pfefferberg-theater.de
030 - 91 20 65 82 88

Die Brauerei
Gasthausbrauerei mit Restaurant, Biergarten und Theater seit 2013

Der Brauer
Thorsten Schoppe (siehe Seite 110)

Seine Biere am Pfefferberg
Pfefferbräu Hell und Dunkel mit Flaschen-Sonderabfüllung für das Theater

Der Brauerei-Initiator
Ingo Woesner
geboren 1964 in Berlin-Mitte

Historische Brauereien am Prenzlauer Berg

Als Pendant zum Teltow-Rücken im Süden Berlins begrenzt der Höhenrücken des Barnims das Berliner Urstromtal im Norden. Dieser eiszeitliche Höhenzug entwickelte sich im 19. Jahrhundert zu einem gefragten Standort etlicher großer Brauereien. Deren Relikte finden sich in ihrer höchsten Konzentration heute auf dem **Prenzlauer Berg**. Dieser Name des Berges, der auf die städtische Ausfallstraße nach Prenzlau verweist, ist eigentlich erst seit den 1920er-Jahren verbreitet. Bis dahin hieß dieser Berg **Windmühlenberg**.

Eine der ersten Brauereien auf dem Windmühlenberg ist die **Bayrischbier-Brauerei Pfeffer** von 1842. Nach ihrem legendären Gründer und Braumeister Joseph Pfeffer, der Erfinder des Tempelhofer Bockbiers, wird dieser Teil des Berges im Volksmund später schlichtweg **Pfefferberg** genannt (Schönhauser Allee 176).

Der alte Pfeffer lässt hier zunächst ein »kleines unterkellertes Brauhaus nebst Biergarten und hölzernen Lauben« errichten. Später erweitern seine Nachfolger die kleine Handwerksbrauerei zu einem Areal von 13 500 Quadratmetern mit 21 Fabrikgebäuden um vier Höfe und mit großen Eis-, Gär- und Lagerkellern unter der Brauerei. Anfang des 20. Jahrhunderts wurde der Eingang von der Schönhauser Allee mit einer Pergola-Fassade verschönert, so ähnlich wie sie heute etwas moderner erstrahlt. In besten Zeiten stieß die **Brauerei Pfefferberg**, wie sie ab 1887 bezeichnet wird, jährlich 150 000 Hektoliter aus, bevor die Schultheiss AG als letzter Eigentümer sie 1921 aufgibt.

Nach dem Ersten Weltkrieg übernimmt die Fabrik der Hoffmann-Schokolade-KG Teile des Brauerei-Areals. Generaldirektor Max Hoffmann ist der Sohn des Sarotti-Gründers. Eine große Bäckereigenossenschaft und die Germania Spezialbrotbäckerei belegen andere Teile des Hofs. Im Zweiten Weltkrieg werden die Tiefkeller der Brauerei als Luftschutzbunker für die Zivilbevölkerung genutzt.

Ausschank der Brauerei Königstadt, 1911

Kurz nach dem Krieg zieht dann die Redaktion des »Neuen Deutschland« in Räume der Brauerei und druckt das einstige Zentralorgan der SED für einige Jahre am Pfefferberg. In dem ehemaligen Restaurant der Brauerei richtet man einen Speisesaal für Hunderte von Arbeitern auf dem Gelände ein. Die Pferdestallungen werden nun zur hauseigenen Schweinezucht. In den 1970er- und 1980er-Jahren zerfällt das Brauerei-Areal zusehends.

Kurz vor der Wende legen zwei Absolventen der Hochschule für Architektur in Weimar im Auftrag der DDR ein Sanierungskonzept und damit eine Blaupause für eine künftige »Kulturfabrik Pfefferberg« vor, eine Vision, die Jahre später Wirklichkeit werden soll.

Kurz vor der Wiedervereinigung gerät das Fabrikgelände gar noch unter »Denkmalverdacht«. Künstler und Kreative, die das Areal immer mehr für sich einnehmen, organisieren sich im Pfefferwerk-Verein zur Förderung von Stadtkultur e. V. Zahlreiche Veranstaltungen, Werkstätten, Initiativen und Ateliers finden ein Zuhause. Mit der Gründung der Stiftung Pfefferwerk und ihrer Aufnahme der ausgeschriebenen Immobilie als Stiftungskapital beginnt die allmähliche Sanierung der Brauerei, die erst 2013 weitestgehend abgeschlossen ist.

Brauerei Königstadt: Tiefgarage im Gärkeller

Heute teilen sich eine Vielzahl von Unternehmen und Projekten das Areal. Neben mehreren Restaurants zum Beispiel das »Pfefferbett Hostel Berlin« und das Architekturforum Aedes. In den alten Brauereikellern hat man dem chinesischen Konzeptkünstler Ai Weiwei Räumlichkeiten reserviert.

Pfeffers alte Schankhalle, das sogenannte »Haus 15«, wird dabei als letztes von 21 Gebäuden saniert. Federführend ist VIA, ein Unternehmensverband, der Formen und Orte schafft, um Benachteiligte in der Erwerbswelt zu integrieren. Hier ziehen 2013 ganz besondere Mieter ein: ein kleines Veranstaltungszentrum und das Pfefferberg-Theater »Woesnerei«, ein Komödienhaus und Spielstätte für Improvisationstheater (www.pfefferberg-theater.de). Dem Theatergründer Ingo Woesner, siehe Portrait Seite 96, ist es zu verdanken, dass im gleichen Haus nach über 80 turbulenten Jahren heute wieder Bier gebraut wird, bei »Pfefferbräu Restaurant & Bergbrauerei«.

Die **Brauerei Königstadt** liegt dem Pfefferberg an der Schönhauser Allee quasi gegenüber (Saarbrücker Straße 24, www.gidak.de). Sie wird

Mitte des 19. Jahrhunderts als **Wagner's Bairisch Bier Brauerei** gegründet, etabliert sich schon bald unter dem Namen Königstadt nach dem gleichnamigen benachbarten Stadtviertel, in Gedenken an Preußens Aufstieg zum Königreich im 18. Jahrhundert. Der Braubetrieb kann nach dem Ersten Weltkrieg nicht mehr rentabel geführt werden. Die Brauerei Königstadt AG verkauft ihr Braukontingent – in Spitzenjahren werden hier 170 000 Hektoliter gebraut – daher im Jahr 1921 an die Berliner Kindl Brauerei. Das Brau-Areal aber behält die Aktiengesellschaft und bewirtschaftete die ehemalige Braustätte nunmehr als Gewerbehof.

Weiter betrieben wird u. a. der konzerthallengroße »Ausschanksaal« der einstigen Brauerei. Fünf Jahre nach Beendigung des Brauens wird dieser Saal dann zunächst zu einem großen Filmvorführort als »Ufa-Palast Königstadt«. Bald entwickelt sich der Saal zu einem der bedeutendsten Tonfilm-Lichtspielhäuser Berlins mit 1500 Sitzplätzen, wie der Brauereihistoriker und Königstadt-Biograf Martin Albrecht recherchierte: »Der Saal (war) einer der damals höchsten in Berlin, mit einem riesigen Tonnengewölbe als oberer Abschluss (...) Die Eröffnung des neuen Hauses 1929 wurde mit der Premiere des Tonfilms ›Drei Frauen‹ von Ernst Lubitsch verbunden.« Berühmt wird auch die Premiere der »Feuerzangenbowle« in der Brauerei Königstadt im Jahr 1944. »Insgesamt boten die Filmaufführungen in dem harten Konkurrenzkampf mit den Biergärten in unmittelbarer Nachbarschaft einen gewissen Geschäftsvorteil«, schreibt Albrecht.

Große Gebäudeteile an der Schönhauser Allee fallen den Bombardements im Zweiten Weltkrieg zum Opfer, infolgedessen auch der große Kinosaal 1955/56 abgerissen wird. In Resten der alten Bausubstanz richtet sich der bald stadtweit bekannte VEB Ostthüringer Möbelwerke Zeulenroda ein. Im hinteren, östlichen Teil der Brauerei, der bis heute über den Eingang Saarbrücker Straße erreicht wird, ziehen verschiedenste Werkstätten, Lagerhalterungen, ein Fuhrpark der Stadt und Teile der Druckerei des »Neues Deutschland« ein. In die Villa des Brauerei-Direktoriums zieht die Botschaft der Tschechoslowakei.

Nach der Wende wechseln natürlich die Betreiber und Betriebe. Aber das Areal behält – nach langjähriger Sanierung – seine in den 1920er-Jahren angenommene Bestimmung, nunmehr als »Gewerbehof in der Alten Königstadt« unter genossenschaftlicher Leitung.

Bemerkenswert sind die gewaltigen Gär- und Lagerkeller der Brauerei, die weitestgehend erhalten sind. Sie dienen heute als opulente Tiefgaragen für eine Handvoll Oldtimer. Gut zu erkennen bei einer Begehung sind die hohen, doppelwandigen Kellergewölbe, die ausgeklügelten Kühlkonzepte der Stirneiskeller, aber auch die Leitsysteme aus der Zeit, als die Braukeller von Königstadt als Luftschutzbunker genutzt wurden. Niko Rollmann vom Verein unter-berlin ist froh, dass die Geschichte hier erlebbar bleibt und allzu frivole Nutzungsanfragen aus der Künstler-, Party- und Sadomasoszene zumeist abgewiesen werden.

Tipps: Dr. Martin Albrecht hat mit »Die Brauerei Königstadt« einen hochinformativen und stark bebilderten Band über die Geschichte der Brauerei geschrieben. Albrecht führt zudem jeden ersten Samstag im Monat um 14 Uhr durch Areal und Keller (Tel. 030 - 65 21 92 42, drmartinalbrecht@web.de, Preis: 9/7 Euro). Auch die umfangreiche Brauerei-Rundfahrt »Molle & Korn« des Vereins unter-berlin e.V. macht Station mit Kellerbegehung an der Brauerei Königstadt (Tel. 030 - 31 01 73 73, www.unter-berlin.de, 29 Euro).

Auf dem Windmühlenberg vor dem Prenzlauer Tor liegen Anfang des 19. Jahrhunderts große Ländereien der wohlhabenden Familie Bötzow, die schon mehrere Berliner Bierbraustätten führt. Julius Bötzow gründet schließlich 1884 an der Ecke Saarbrücker Straße die große **Bötzow-Brauerei** (Prenzlauer Allee 242, www.boetzowberlin.de) zwischen den damals beiden letzten verbliebenen Windmühlen. Die Bierfabrik mit ihren gewaltigen Lagerkellern produziert – unterbrochen von Modernisierung, Schließung und Besitzerwechseln – bis 1949 Bier, zuletzt als VEB Bötzow Brauerei. Die technischen Anlagen werden nun größtenteils ausgebaut und als Reparationsleistung an Russland gezahlt.
Nach der Wende gibt es Pläne zur Errichtung eines Shopping-Centers im Bötzow-Areal, die wieder abgewendet werden. Nach Zwischennutzungen durch Clubs und Kreative erwirbt dann Hans Georg Näder den Brauerei-Komplex im Jahr 2010. Näder führt das 1919 in Kreuzberg gegründete Medizintechnik-Unternehmen Otto Bock. Er will hier sein Lebenswerk verwirklichen und ein modernes, medizintechnisches Laboratorium schaffen, das er wenig schüchtern als »Cape Canaveral der neuen Technologien« bezeichnet.

Eine halbe Ruine mitten im Kiez, die alte Schneider-Brauerei

Bislang ist das Bötzow-Areal bei öffentlichen Führungen, aber auch bei Ausstellungen im Atelierhaus oder im deutschen Restaurant von Spitzenkoch Tim Raue zu erleben. Das Konzept des »Restaurant la soupe populaire« von Tim Raue erhielt übrigens von dem französischen Gourmetführer Gault Millau höchste Auszeichnungen, Tim Raue selbst mit seinem Bötzow-Projekt den Titel »Restaurateur des Jahres 2014«. Das Orthopädie-Unternehmen Otto Bock will daneben ein »Medical Care Center«, einen »Mobility Concept Store«, eine Rollstuhl-Manufaktur und ein Hotel mit »Reha-Lofts« für Medizin-Touristen errichten. Spannend ist, ob Bötzows neue Besitzer, wie angekündigt, in Zukunft eine amerikanische Craft Bier-Brauerei beherbergen werden. Sie soll in einem neuen Gebäude auf dem Areal des früheren Biergartens untergebracht werden.

Die **Kulturbrauerei** war 125 Jahre lang Bierbrauerei und ist heute eines der größten Industriedenkmäler der frühen Berliner Gründerzeit (Schönhauser Allee 36, www.kulturbrauerei.de). Jobst Schultheiss übernimmt die 1842 eröffnete Brauerei im Jahr 1853. In der Folge wird sie

Tipp: Bötzow bietet kostenlose zweistündige Führungen durch die ehemalige Brauerei an, u.a. in die Tiefkeller und durch die Stallungen der Brauereipferde. Sie werden ebenfalls von dem Archäologen und Brauereikenner Martin Albrecht geleitet, der auf Bötzow Sanierungsarbeiten der Tiefkeller überwacht. Termine und Anmeldung über www.boetzowberlin.de.

zu einer der größten Braustätten der Stadt ausgebaut. Bereits Anfang des 20. Jahrhunderts ist sie die weltweit führende Produktionsstätte für Lagerbier. In Berlin braut Schultheiss zu dieser Zeit über eine Million Hektoliter Bier im Jahr.

Das 25000 Quadratmeter große Areal fungiert heute unter dem bundesweit bekannten Label »Kulturbrauerei«. Die beeindruckend gut erhaltene Bausubstanz stammt im Wesentlichen aus den Bierboomzeiten von 1878 bis 1923 und erzählt eine bewegende Geschichte: Die Nazis erklären die Brauerei 1937 zum »Nationalsozialistischen Musterbetrieb« und missbrauchen die Keller zudem für ihre Rüstungsproduktion. Dennoch bleibt das Areal von Bombardements im Zweiten Weltkrieg weitestgehend verschont. Zu DDR-Zeiten läuft die volkseigene Bierproduktion schließlich bis zu ihrer Einstellung 1967 weiter. Das einstige Mutterhaus der Schultheiss-Brauerei wird schon wenige Jahre später zur Kulturstätte: 1970 zieht die sozialistische Jugendorganisation FDJ mit ihrer legendären Diskothek »Franzclub« in Teile der Brauerei ein, woran das heutige »Frannz« noch erinnert. 1998 bis 2000 schließlich wird die Brauerei aufwendig saniert. Nun erscheinen die Klinkerfassaden und ihre Ornamente aus der Gründerzeit wieder in vollem Glanz. Selbst alte Gebäudebeschriftungen sind wiederhergestellt, so auch jene für die »Fassbier-Ladehalle«, die »Lastauto-Garage« oder den »Aufenthaltsraum für fremde Handwerker«.

Eine Berliner Immobiliengesellschaft probt hier heute auf rund 40000 Quadratmeter Nutzfläche eine »Verschmelzung von Off-Kultur und Business«. Aus der Brauerei wird ein Kulturhof mit Theatern, Konzertsälen, Literaturbühne, Clubs und anderen Events, begleitet von Gastronomie, Büros und verschiedenen Dienstleistern. Die flächenmäßig größten Mieter sind ein Kino mit acht Sälen, der Tanzpalast »Soda-Club«, die Konzertbühne »Kesselhaus« und der »Frannz«-Club unter dem markigen Eckturm des Areals. Aber auch die »New York University« ist hier heimisch geworden. »Berlin on Bike« hat im Brauereikeller rund 600 Fahrräder zu stehen, was auch zeigt, dass die Kulturbrauerei gerade bei Touristen hip ist.

Als selbsternannter »Trendmotor« zählen die Betreiber der Kulturbrauerei jährlich rund 2500 Veranstaltungen mit über einer Million Besuchern. Legendär sind der skandinavische »Lucia«-Weihnachtsmarkt im Hof und die Silvesternächte mit über 10000 Gästen auf 16 Dancefloors.

Tipp: In der Kulturbrauerei gibt es jeden 1. Samstag im Monat um 16 Uhr fachkundige Führungen durch die Tiefkeller oder oberirdische Rundgänge. U.a. mit dem Brauhistoriker Martin Albrecht. Anmeldung und Treffpunkt: Tourist Information im Maschinenhaus (täglich 12–18 Uhr), Tel. 030 - 44 35 21 70, info@tic-berlin.de. Preis 6 / 7,50 €.

Die **Malzbierbrauerei Christoph Groterjan** braut von 1897 bis 1978, anfangs leicht alkoholische, malzbetonte Biere, aber auch Kristall-Bier und Porter (Schönhauser Allee 130). Der Baustil ist ungewöhnlich. Rundliche Giebel und Dachflächen des recht dunklen Hauptgebäudes erinnern eher an holländische Architektur. Heute beherbergt das ehemalige Brauhaus neben Wohnungen auch ein Restaurant.

Die **Brauerei Carl Schneider** (Am Schweizer Garten 82) ist die vielleicht versteckteste unter den historischen Brauereien Berlins. Mitten im Wohnviertel, zwischen dem Friedrichshain und der Greifswalder Straße, zwischen Wohnhäusern, Schulen und einem alten Nazibau, liegt der Schweizergarten, ein Vergnügungspark des 19. Jahrhunderts. Ende jenes Jahrhunderts hat Carl Schneider, der nichts mit »Schneider Weisse« zu tun hat, an dieser Stelle eine kleine Brauerei errichten lassen, die bis 1914 braute.

Ein Teil der Brauerei ist bis heute Kriegsruine aus dem Zweiten Weltkrieg. Nackte Mauern im Wind. Ein anderer Teil des gelbroten Backstein-Ensembles mit dem hübschen Fachwerkportal einer angebauten Pförtnerloge wird von einem Musikstudio und einem »Im-Ohr-Hörgeräte«-Hersteller genutzt. Ein dritter Komplex an diesem Natursteinpflasterhof wurde als Townhaus komplett saniert und mit feinen Wohnungen ausgebaut. Auch hier sind noch Einschüsse über dem Eingangsportal zu sehen.

Schoppe Bräu/Flying Turtle Prenzlauer Berg und Neukölln

Thorsten Schoppe: »Bier-Experimente bedeuten Lebensqualität«

»Ob kleine Brauer besser brauen als die großen, das ist nicht gottgegeben«, meint Thorsten Schoppe, der »inoffizielle Bier-Papst« von Berlin. So bezeichnet ihn das Berliner Onlineportal Bierbasis.de. Ob Schoppe nun wirklich Gottes Stellvertreter an den irdischen Sudkesseln ist, sei dahin gestellt. Auf jeden Fall ist er unter den kleinen Brauern einer der ganz großen, eine unübersehbare Eminenz der Berliner Brauwelt. Schoppe selbst mag derartiges Wortgetöse überhaupt nicht, weder das göttliche Gebimmel noch angeberische Anglizismen: »In Zeiten, wo jeder einigermaßen gebildete Mensch sich als Regulatory Compliance Chance Manager, CEO oder Supply Chain Manager mit diversen englischsprachigen Begriffen beschreibt, sind wir schlicht und ergreifend Brauer!« Gut gesagt.

Doch ganz so einfach kommt der Brauer aus Niedersachsen nicht davon. Gerne zeigt sich Schoppe im Shirt mit einem großen Superman-Gersten-»S« auf der Brust als selbstinszenierter Super-Brauer. Tatsächlich ist Thorsten Schoppe so etwas wie der heimliche bis unheimliche Braukönig der Hauptstadt. Geht es um Handwerksbier, gibt es kaum ein Podium oder ein Event ohne Schoppe. Keine Zeitschrift kommt an Schoppe vorbei, wenn sie über Berlins Aufstieg zur Craft Bier-Hauptstadt der Republik berichtet. Zum nationalen Tag des Bieres steht die Deutsche Presse-Agentur nicht an irgendeinem Sudkessel, sondern dort, wo Thorsten Schoppe braut.

Mittlerweile ist das längst nicht nur eine einzige Brauerei, geschweige eine einzige Marke, die er produziert. Ob im Brauhaus Südstern oder am Sudkessel von Pfefferbräu, ob im Lohndienst für junge Start-ups wie Spent, Vagabund oder das einstige beer4wedding – Thorsten Schoppe braut, was der Kessel hält. Ein klassischer Lohnbrauer. Denn es gibt in Berlin Brauereien, die haben keinen eigenen Brauer. Das übernimmt dann gerne Thorsten Schoppe. Und es gibt in Berlin einen Brauer, der hat keine eigene Brauerei. Eben dieser Mann heißt Thorsten Schoppe.

Freude beim Zapfen auf dem Craft Bier-Festival im Mai 2014

Thorsten Schoppe mit der Nase in seinem Pfefferbräu

»Ich mache moderne Bierstile«, erzählt der Diplom-Brauer mit Leidenschaft für Unfiltriertes. »Deutschland öffnet sich gerade internationalen Bieren wie Ales und Pale Ales. So treten neue Brauarten aus dem Schatten.« Schoppe liebt dabei eher bittere, hopfenbetonte Biere mit ihren vielfältigen, natürlichen Fruchtnoten. »Ich suche stets nach neuen Inspirationen und probiere neue Brauideen aus. Denn ich experimentiere gerne. Das ist für mich ein Stück Lebensqualität.« Andererseits macht Schoppe keine willkürlichen Bierversuche.

»Das deutsche Reinheitsgebot, das viele neue Brauer anprangern, ist einerseits gut, weil es uns vor technischen Enzymen bei der Bierherstellung bewahrt. Aber es begrenzt auch die Auswahl an Rohstoffen. Und es hat uns lange abgeschottet.« – Schoppe setzt auf Naturbiere: »Ich bin nicht der größte Verfechter des Reinheitsgebots, aber technische, chemische Tricks lehne ich ab. Ich nutze ausschließlich natürliche Rohstoffe.« Tricks sind auch gar nicht nötig. »Ich mag den Hopfen und seine Aromen. In den traditionellen Rohstoffen ist viel mehr drin als hinlänglich bekannt.« Brauen zwischen Tradition und Trend.

Schließlich hat Schoppe eine klassische Ausbildung zum Brauer durchlaufen. Diese Lehrjahre bei der Braunschweiger Großbrauerei »Feldschlößchen« machten ihn zwangsläufig zum Handwerksbrauer. Denn: »Brauen in der Industrie bedeutet einen chronischen Dämmerzustand vor acht Bildschirmen im orthopädischen Stuhl. Wenn es dann irgendwo blinkt oder piept, wird der rote Knopf gedrückt. Riechen, schmecken oder anfassen tut man das Bier nicht.« Und Experimente sind im Massenbetrieb erst gar nicht erlaubt. »Ich habe aber großen Spaß am Austoben mit etwas ungewöhnlichen, sehr speziellen Bieren«, verrät Schoppe. »Extreme Biere machen wir meist in kleinen Flaschen-Editionen.« Manchmal dürfen die sich dann nicht mehr Bier nennen. »Aber als ›alkoholartiges Malzgetränk mit Zusatzstoffen‹ kannst du den hohen Auflagen für das in Deutschland geschützte ›Bier‹ entkommen.«

»Schon während der Lehre habe ich in der Waschküche meiner Eltern meine ersten eigenen Biere gebraut. Und die schmeckten deutlich besser als die aus der Feldschlößchen-Brauerei, obwohl ich nach deren Rezepten braute.« Erleuchtung unter der Wäscheleine.

Von Braunschweig geht Thorsten Schoppe nach Berlin und studiert Brauereitechnologie. Parallel steigt er in den 1990er-Jahren bei der legendären »Bier-Company« ein, die Mutter der Berliner Craft Bier-Bewegung. »Wir waren eine junge Gruppe von Braumeistern und haben insgesamt über 150 verschiedene Biere kreiert.« Die Bier-Company machte damals so unerhörte Sachen wie Chilibier, Ginseng-Lemon Ale oder zur Weihnachtszeit mal ein duftendes Zimt Stout. Diese Pioniere der Berliner Biermanufakturen haben ihren Sitz bis heute in Kreuzberg. Der Company-Brauer Steffan Wendt vermarktet von dort u. a. das berüchtigte Hanfbier »Turn«, das aber nicht mehr in Berlin gebraut wird.

Thorsten Schoppe hingegen braut in Berlin. Das Diplom in der Tasche, eröffnet Schoppe 2001 mit seinem damaligen Partner das Brauhaus Südstern in der Hasenheide 69. Spitz kommentiert er im Rückblick: »Leider erwies sich, dass nicht jedermann als Gastronom geeignet ist und man durchaus auch dafür Voraussetzungen benötigt …« Der Südstern geht pleite und staubt vor sich hin, bis der Berliner Gastronom Helmut Kurschat (Portrait Seite 27) ihn wachküsst. Kurschat kann nicht brauen, weiß aber, wer früher an den Kesseln stand. Und so kommt Thorsten Schoppe zum zweiten Mal als Braumeister zum bald wiedereröffneten Südstern. Hier braut Schoppe heute die »Stern Biere« des Brauhauses,

die Vertriebsbiere der Eigenmarke »Schoppe Bräu« – sehr beliebt das Weizen namens Roggen Roll – und verschiedene Biere für brautechnischen Unterschlupf suchende Kuckucksbrauer. Der Brauhaus-Chef Helmut Kurschat hat zwar keine Ahnung, was und wie viel in seinen Kesseln gebraut wird, ist aber zufrieden mit seinem unbändigen Super-Brauer, solange das »Stern« aus den Zapfhähnen fließt.
Schoppes Braukunst wird von vielen geschätzt, auch wenn er seinen Kunden sehr unterschiedliche, mitunter gewöhnungsbedürftige Biertypen braut. Seine Biere sind also nicht unumstritten, was durchaus ein Kompliment ist. Aber seine Dienstleistung ist zweifelsohne immer wieder eine große Startchance für junge Brauer und Brauereien. Nebenbei gibt Thorsten Schoppe noch Braukurse (siehe Seite 31), bietet Beratungsdienste an oder fliegt schon mal nach Griechenland, um Freunden beim Aufbau einer neuen Brauanlage zu helfen – Familie Schoppe auf Urlaub am Mittelmeer.

Sein jüngstes Baby ist »Flying Turtle«, ein Bierlabel, das Schoppe zusammen mit dem viel gereisten Daniel Stein aus Detroit entwickelt hat. Mit frechem Auftritt und schillernden Ideen sind Schoppe und Stein bereits kleine Leuchttürme auf den Berliner Bier-Festivals. Die »Fliegende Schildkröte« braut Schoppe am Pfefferberg.
Und als die berühmte Stone Brewing Company aus Kalifornien im Sommer 2014 zum Gruppenfoto vor den neuen Hallen in Mariendorf bittet, strahlt Schoppe bereits mit großem »Hallo« in der ersten Reihe. Eigentlich ist der beeindruckend durchtrainierte Thorsten Schoppe niemals aufzuhalten. Er ist fast überall und taucht doch wieder ab, ein grenzenloser Tausendsassa, ein Hans Dampf in allen Kesseln. Und sein Brauermotto »Hopfen, Malz und Muskelschmalz« lässt erahnen, dass Thorsten Schoppe niemals müde wird.

STECKBRIEF

Schoppe Bräu Berlin

im Brauhaus Südstern
Hasenheide 69
10967 Berlin
Tel 030 - 32 52 85 51, 0175 - 24 68 103
www.schoppebraeu.de, www.flyingturtlebeer.de

Die Brauereien
Vertriebsbrauerei und Gasthausbrauereien seit 2001

Der Brauer
Thorsten Schoppe
Dipl. Ing. Brauwesen
geboren 1971 in Braunschweig
in Berlin seit 1994

Seine Biere
Helle, dunkle, saisonale und experimentelle Biere für Schoppe Bräu, Brauhaus Südstern, Pfefferbräu und Flying Turtle Beer

Seine Lieblingsbiere
Belgische Biere der holländischen Brouwerij De Molen, ganz besonders ihr fassgelagertes Whiskey-Bier

Bogk-Bier Privatbrauerei Pankow/Willner Brauerei

Andreas Bogk: Braukessel unter Rüstungskontrolle

»Schatz, unsere Küche sieht aus wie eine Brauerei!« Solch kleine Eheauseinandersetzungen kommen in besten Brauerkreisen vor. Andreas Bogk fährt seinen Sud bis 2012 noch an einem Ort, wo andere Menschen frühstücken, unter anderem seine Frau. Der 36-Liter-Topf, der Gasbrenner, die Plastikeimer zum Läutern und Vergären, Hopfen, Malz und Reagenzien nehmen bereits beträchtlichen Platz in der Wohnung am Prenzlauer Berg ein und schreien förmlich im Kanon mit der Lebensgefährtin nach einem anderen Braukonzept.

Kein Problem, denkt sich der in Magdeburg geborene IT-Spezialist und gründet ein Crowdfunding für die Investitionen in seine erste Brauerei. Binnen kurzer Zeit findet er im Internet über 300 bierselige Gönner. Und durch sie sage und schreibe 20000 Euro zur Gründung der »Bogk-Bier Privatbrauerei« in einem Kreuzberger Hinterhof. »Na ja, meine Brauerei ist quasi ein aus der Kontrolle geratenes Hobby, eher ein Labor für Bierversuche«, sagt Bogk. Dass er hier dennoch seinen Platz in der Galerie der Berliner Biermanufakturen findet, liegt an einem gelben Klebestreifen auf dem Kellerboden im Seitenflügel der Kreuzbergstraße 74. Darauf steht nämlich in schwarzen Lettern »Zollgrenze«.

Diese optische Linie basiert auf den Lageplänen für Bogks erste Braustätte und markiert den Grenzverlauf zu den Geschäftsflächen. Für den Bereich hinter der gelben Linie ist vom Hauptzollamt eine »Genehmigung zum Betrieb eines Steuerlagers für Bier« erteilt worden. Auf Bürokratendeutsch heißt das genüsslich und knapp: »Das Steuerlager umfasst die Gesamtheit der baulich zueinander gehörenden Räume, in denen sich die Einrichtungen zur Herstellung, zur Be- und Verarbeitung, zum Um- und Abfüllen sowie zum verkaufsfertigen Herrichten und zur Lagerung von Bier befinden, ebenso die Lagerorte für Roh- und Ausgangsstoffe, Halb- und Fertigerzeugnisse, die Ladeeinrichtungen, die Werkstätten zum Instandhalten des Betriebs und die Verwaltung. ...« Anders gesagt hat Andreas Bogk dadurch die Lizenz zum Brauen und Vertreiben von Bier. Monatlich erklärt er seine Biersteuer.

Andreas Bogk: »In der alten Willner Brauerei ist noch einiges zu tun«

Man darf sich die Bogksche Kellerbrauerei jedoch nicht wie die Braukeller aus goldenen Kindl-Zeiten vorstellen. Das Herzstück der von Lebensmittel-, Zoll- und Finanzbehörden zugelassenen Brauerei ist etwa fünf Quadratmeter groß. Andreas Bogk fährt hier in einem bedenklich rot gekachelten Keller eine 40-Liter-Brauanlage mit Sudhaus, Gärtank, Lagertank, Fassabfüllung, Flaschenabfüllung und Waschanlage. Nebenan lagern noch die Malze und die wunderschönen Bierkästen. Es sind von feiner Hand gearbeitete Holzkisten für jeweils ein Dutzend 0,33er-Flaschen der Berliner Weiße aus dem Hause Bogk. Die Manufaktur für Berlins schönste Bierkästen ist übrigens eine Behindertenwerkstatt in Süddeutschland.

Die beiden Gärtanks in Berlins kleinster Brauerei stammen wiederum von einem Hersteller von Druck- und Sauerstofftanks aus den USA, der normalerweise die globale Luft- und Raumfahrt beliefert. Obwohl Andreas Bogk keine Kesselbomben baut, sondern Bier braut, ein delikater Import. »Die Tanks sind aber problemlos durch die internationale Rüstungskontrolle gegangen.« Freunde der Berliner Weiße danken es der wachsamen Völkergemeinschaft. Denn die Weiße ist Bogks Projekt zur Rettung der traditionellen Bierkultur der Stadt. »Ich versuche sie möglichst originalgetreu nachzubrauen«, teilt Andreas Bogk eine Leidenschaft mit dem BrewBaker-Kollegen Michael Schwab.

Die Crowd macht es möglich, dass Andreas Bogk sogar eigene Biergläser herstellen ließ. Das Logo auf den Gläsern zeigt die Karikatur eines Jünglings mit Zopf, Brille, Doppelkinn und glückseligem Grinsen: Bogk. Ein befreundeter Künstler, der ansonsten für »World of Warcraft« zeichnet, hat den kühnen Kleinstbrauer aufs Etikett gesetzt.

Ohnehin ermöglicht das Crowdfunding ein verblüffendes Geschäftsmodell. Wählt man die Nummer der Bogk-Bier Privatbrauerei, antwortet einem höchst professionell eine freundliche junge Frau aus der Vertriebs- und Marketingabteilung des Brauhauses Bogk. Das Management suggeriert am Telefon, man könne hier auch eine Bierlieferung für die Fanmeile oder ein Open-Air-Festival anfragen. »Das ist mein E-Office. Die haben ein Datenblatt von mir auf dem Bildschirm und arbeiten sehr gut«, lächelt Bogk verschmitzt. »Das kostet mich 40 Euro im Monat.«

Allerdings kann der kleinste kommerzielle Brauer zwischen Ostsee und Erzgebirge noch keine Konzerte beliefern. Will er auch gar nicht. Die Jahresproduktion liegt derzeit bei zehn Hektolitern oder auch 3000 Flaschen Bier. Davon gingen im ersten Jahr etwa 2000 Flaschen als Dividende an die Unterstützer.

Im Frühjahr 2014 flattert Andreas Bogk die Kündigung seines Kreuzberger Braukellers auf den Tisch: »Eigenbedarf«. Doch den Informatiker und Betriebswirt, der sich im Berufsleben als Architekt für IT-Security darum kümmert, dass Hacker sich nicht in Navigationssysteme moderner Autos einloggen und »bei Tempo 180 vorne links die Bremse zur Blockierung führen«, wirft so etwas nicht aus der Kurve. Andreas Bogk hat bereits ein neues Angebot: Er zieht zum Prenzlauer Berg und plant, ab Frühjahr 2015 in der historischen Weißbierbrauerei Willner seine Biere zu brauen und zu verkaufen.

»Bei Willner will ich zunächst auf eine Jahresproduktion von 20 bis 30 Hektoliter erweitern«, erzählt Bogk. »Ich verkaufe dort vor allem in Emils Biergarten. Mal sehen, wie es anläuft.« Es gibt aber auch einen Plan B. »Vielleicht braue ich aber auch bei Thorsten Schoppe im Brauhaus Südstern und bringe das Bier im IBC zu Willner.« Im was? »Im Intermediate

Bulk Container. Das sind Transport- und Lagercontainer für Flüssigkeiten. Dadurch könnte ich deutlich mehr produzieren.« Die entsprechenden Wünsche finden sich wenige Tage vor dem Auszug aus der Kreuzbergstraße unter einem Leergut-Kasten vor der Tür zum Steuerlager: »Vielen Dank für das leckere Bier und noch viel Erfolg in der Zukunft! Clemens«.

STECKBRIEF

Bogk-Bier Privatbrauerei

in Emils Biergarten/
Willner Brauerei Berlin
Berliner Straße 80–82
13189 Berlin
www.bogk-bier.de
Tel. 030 - 57 70 82 70, 0177 - 777 77 42
U2/M1 Vinetastraße

Öffnungszeiten
Biergarten: Mo–Fr 15–22, Sa + So 12–22 Uhr (ca. April bis Oktober)

Die Brauerei
Vertriebsbrauerei seit 2012, Flaschenabfüllung, Biergartenausschank

Der Brauer
Andreas Bogk
Nanobrauer
geboren 1975 in Magdeburg
in Berlin seit 1978

Seine Biere
Das Hausbier Berliner Weiße sowie IPA, Maibock, Fastenbock, Dunkles Hefeweizen und belgische Klosterbiere

Seine Lieblingsbiere
»Ja, gerne, ich mag Abwechslung.«

Die Berliner Weiße

Aufstieg, Untergang und neue Hoffnung für das einzige Urberliner Bier

Die einzige Biersorte, die jemals in Berlin erfunden wurde, ist die Berliner Weiße. Sie ist ein vornehmlich im 17. Jahrhundert entwickeltes, obergäriges Weißbier. Für Brauhistoriker ist der 9. November 1680 der Tag, an dem dieses Urberliner Bier amtlich wird. Berlin schreibt an diesem Tag Biergeschichte und begeht einen epochalen Gründungsakt zur Feier »seines eigenthühmlichsten Erzeugnisses – die Entstehung des ›Berliner Weißbieres‹«. So lautet es im Erlass des Großen Kurfürsten zur »renovirten Mühlenordnung«, nicht ohne Hintergedanken, denn Friedrich Wilhelm I. verbindet mit dieser Urkunde gleichsam eine höhere Besteuerung des prickelnden, neuen Modebiers gegenüber den bislang meist getrunkenen Gerstenbieren.

Die Berliner Weiße ist ein leichtes Schankbier, mit überwiegendem Weizenanteil gebraut, mit einer relativ geringen Stammwürze von etwa acht Prozent und schwachem Alkoholgehalt von zumeist 2,8 Prozent. Das Besondere, auch im Vergleich zu den bayrischen Weißbieren, ist jedoch seine Mischgärung. Neben den Hefekulturen werden in Berlin auch Milchsäurebakterien eingesetzt. Vereinfacht gesagt wird die Weiße dadurch am Ende zu einem kohlensäureintensiven, leicht trüben Sauerbier, das durch die natürliche Säuerung zudem lange haltbar ist. Schon im 17. Jahrhundert galt sie als »gelindes und schmackhaftes Bier«.

Ihre Spritzigkeit macht die Weiße schon bald zu einem beliebten Sommerbier in Berlin und Umland. Sie wird üblicherweise in Flaschen abgefüllt, wo sie zunächst ihre natürliche Nachgärung erfährt, die diesem Bier sein besonderes Bukett verleiht. Die Berliner tranken ihre Weiße gerne als kühlen Durstlöscher, wenn es heiß war, oder gestreckt mit einem Weizenkorn, Anis- oder Kümmelschnaps als »Strippe«, ein heute nicht mehr gemixter Beschleuniger. Anfang des 19. Jahrhundert adeln die durstigen französischen Besatzungstruppen das säuerlich-prickelnde und schaumstarke Bier als »Champagne du Nord«. Immer mehr Weißbierbrauereien entstehen bald in Berlin, so dass die Berliner Weiße Mitte des 19. Jahrhunderts zum beliebtesten Berliner Bier avanciert.

Berliner Weiße aus guten Zeiten

Doch dann tauchen an der Spree plötzlich Brauer aus Süddeutschland mit Rezepturen für traditionelle bayrische Biere auf. Die Berliner fahren völlig darauf ab. Die Bayrischbiere sind untergärig, brauchen also Kälte bei Gärung und Lagerung. Immer ausgefeiltere Lagerstätten und das in vielen Wintern reichlich verfügbare Natureis aus den umliegenden Seen verhelfen den bayrischen Bieren in der zweiten Hälfte des 19. Jahrhunderts zum Durchbruch.

Als Carl von Linde dann im Auftrag großer bayrischer Brauer die künstliche Kälte erfindet, beginnt der unaufhaltsame und wenig »gelinde« Abstieg der Berliner Weiße.

Heute kennt man eine »Berliner Weiße« allenfalls als buntes Mixgetränk mit Waldmeister- oder Himbeersirup, serviert in weiter Schale mit Strohhalm, beliebt bei älteren Hauptstadttouristen und tunlichst gemieden von den Berlinern. Die Industrie-Weiße aus der Kindl-Brauerei hat mit der originalen Berliner Weiße brautechnisch und geschmacklich nur noch wenig gemein, mit Sirup und Strohhalm schon gar nicht.

Wieder sind es zwei Berliner Mikrobrauer, die das nicht tatenlos mit ansehen wollen. Michael Schwab von BrewBaker und Andreas Bogk mit seinem Bogk-Bier haben unabhängig voneinander eine Berliner Weiße entwickelt, die dem Original von 1680 oder zumindest dem »Champagner« von 1806 ziemlich nahekommen dürfte.

WEDDING / MOABIT

Eschenbräu Wedding / Sparrplatz

Martin Eschenbrenner: »Das Monopol schreit nach neuen Brauern!«

Die Schankstube von Eschenbräu liegt an einem unglaublichen Ort. Zwischen Wellness, Aikido und der Kita des Studentenwerks weist dazu ein Schild in den Innenhof eines Hochhauses für angehende Akademiker. Vorbei an einem weißen Metallgitter und einer quietschroten Batterie von 140 Briefkästen gelangt man zunächst noch in einen lauschigen Biergarten, mit Bänken und Tischen unter einer alten Eiche. Auch die sich hinter großen Fenstern abzeichnenden Braukessel sind heimelig. Doch das Wirtshaus selbst liegt versteckt im dunklen Untergeschoss. Hinter der Sommer-Schankhütte und den Mülltonnen führt nun eine schmale Betontreppe zu einer überdachten Raucherecke und einem vergitterten Kellerfenster. Daneben öffnet sich die Tür in den Schankraum. Niedrige Decken mit Tropfstein andeutendem Rauputz. Auf einem Stehtisch an der Tür liegen Magazinausgaben der Handwerkskammer.

Dieser dunkle Wohnheimkeller beherbergt ein Sammelsurium von Andenken und Trödel aus der Bierwelt. Darunter Weisheiten wie »Bier macht lustig!« und alte Holzfass-Deckel von der »Germania-Brauerei Münster« – übrigens ein Ort, den der Autor dieses Buches in früher Kindheit schon zutiefst bewunderte, bevor er in jeglicher Hinsicht gefährliche Selbstversuche mit dem »Edel-Pils« seiner Heimat unternahm. Egal. An der Stahltür zu den Toiletten hängt das deutsche Reinheitsgebot, am Durchgang in einen Hinterraum das Zeugnis einer florierenden Hausbrauerei: »Niemand hat die Absicht, hier eine Gaststätte zu erweitern.« So kann's kommen.

Der schmale Mann mit der Glatze und der Nickelbrille muss der Mann sein, den die Karlsruher Nachrichten einst zum »Papst der unfiltrierten Biere« erklärten. Seine Eminenz, traditionell in weißen Gummistiefeln gekleidet, ist eine Ikone des Studentenwohnheims, das in ernüchternder Sachlichkeit seinen Schatten auf die Eiche wirft. »Da oben im siebten

Anstich in »Esches« Biergarten

Stock habe ich sechs Jahre lang gewohnt«, deutet Martin Eschenbrenner in den Himmel über dem Wedding. »16 Quadratmeter. Inklusive Dusche, Flur und Küche. Voll möbliert.« Die Wohnheim-Träger von der Bürgermeister-Reuter-Stiftung nennen das »Appartement«. Dem jungen Badener ist das wurscht. Hauptsache Berlin. »Ich kam ja aus der Provinz in die einzige Großstadt Deutschlands«, adelt Eschenbrenner seine heutige Wahlheimat. »Hier ist es etwas wie in Amerika. Es gibt viele Spinner und viel Fläche für neue Ideen.«

Eschenbrenner studiert in den 1990er-Jahren nicht nur das Brauwesen, sondern er experimentiert nach Vorlesungsschluss mit Hopfen und Malz in seiner Studentenbude – Pardon, in seinem Appartement. Das hatte er schon während seiner Lehre in der Brauerei Moninger in Karlsruhe getan. »Damals haben wir viel Flensburger getrunken, um die Bügelflaschen anschließend im trockenen Backofen zu sterilisieren und unser eigenes Gebräu abzufüllen. Das war gar nicht schlecht«, betont der Brauingenieur.

Martin Eschenbrenner bei der Brotzeit im Biergarten

Das Gastspiel des Badeners in der großen Stadt der kleinen Spinner droht nach der Diplomprüfung zu enden. Aber irgendetwas tief in seiner Brauerseele lässt ihn nicht mehr loskommen vom Wedding. »Nach der Uni hatte ich zwei Arbeitsangebote: im Außendienst als Vertriebsingenieur für Abfüllanlagen in Afrika und im Fernem Osten oder aber als Lebensmittelingenieur in der Essigfermentation bei Kühne in Hamburg. Da dachte ich mir, da mache ich doch lieber mein eigenes Ding.« Und das heißt heute Eschenbräu.

»Der Geschäftsführer des Wohnheims war nebenbei Imker. Der hielt sich Bienen auf dem Dach des Heims und fand meine Idee mit dem Brauen immer schon gut«, erinnert sich Eschenbrenner. Das Glück des Mutigen schenkt ihm hier einen Verbündeten mit einem wegweisenden Angebot. Der nette Imker vom Hochhausdach bietet ihm die stillgelegte Waschküche des Wohnheims für den Bau einer eigenen Brauerei an. Die Braustätte und die Kellerkneipe hat er mittlerweile mehrfach erweitert und auch den Mietvertrag mit der Wohnheim-Stiftung jüngst bis 2024 verlängert.

»Als ich hier im Keller mit dem Brauen anfing, dachte ich, bei den studentischen Verbindungen sei viel Bier zu verkaufen«, erzählt der Brauer. Ein Irrtum. Die Verbindungstrinker entpuppen sich schnell als konsumkonventionell und geizig. »Die trinken lieber diese Runter-Trink-Biere von den Konzernen.« Das ist nicht die Welt des schlagfertigen Handwerksbrauers aus dem Badischen: »Ich bin Brauer und kein Maschinenführer!« Die Großen im Braugeschäft sind dem »Rebell gegen den Biereinheitsgeschmack« ohnehin ein Dorn im Auge. Und Eschenbrenner weiß, wovon er spricht.

Er selbst hat einmal ein Praktikum bei Kindl absolviert. »Das Bier von denen ist ja qualitativ nicht schlecht, aber es ist nicht verrückt.« Er kauft sogar noch heute gelegentlich gute Bierhefe bei Kindl ein, aber für's Brauen fehlen den Industriellen einfach die Visionen. »Die Marketing-Fuzzis der Großkonzerne kommen daher und bauen allenfalls ein Image auf wie Beck's mit ›Sail away‹, und alle sind gut drauf. Mich interessiert das Bier, das, was drin ist.«

Und das soll auch drin bleiben. Eschenbräu wird weder filtriert noch zur Haltbarmachung erhitzt. »Nimmst du die Hefe raus, verliert das Bier an Geschmack und Mundigkeit«, beteuert der Braumeister, der sich selbst gerne als Asterix in einem von mächtigen Brauern besetzten Land sieht. Wie vom eigenen Zaubertrank gestärkt, ruft der Unbeugsame den Aufstand aus: »Diese Monopolstellung in Berlin schreit buchstäblich nach neuen Brauern!«

Im Nebengeschäft ist Eschenbrenner Brenner. Dazu steht in einer Ecke seines Braukellers eine Augenweide von Destillationsanlage hinter einer feinen Kordel. Ihr großer Kupferkessel ähnelt etwas einem schweren Helm aus der Pionierzeit des Tauchens. Aber aus diesem wundersamen Gerät tropfen unter anderem Kräuterbitter, Sauerkirsch und Whiskey, Apfeltrester, Zwetschgenschnaps und sogar Bierbrand. Ganz nebenbei macht der Brauer auch noch selbstgepressten Saft aus Brandenburger Äpfeln. Die Natursäfte verkauft er dann im verpackungsarmen Fünflitersack.

Martin Eschenbrenner, der außer seinem eigenen Braukeller noch ein gutes Dutzend Berliner Kneipen und Restaurants mit Eschenbräu beliefert, weiß sich heute auf drei Lehrlinge im Sudhaus zu stützen. Immerhin baut er die Produktion mit der Erweiterung des Lagerkellers derzeit von 1500 auf 2000 Hektoliter pro Jahr aus. »Das Sudhaus soll dann rund um die Uhr, das ganze Jahr sieden.« Die neuen Kapazitäten fließen dabei nicht in einen erweiterten Stamm von Gastronomen, sondern in die immer durstigeren Studenten und Nachbarn rund ums Wohnheim.

Besonders beliebt sind die Anstiche bei »Esche«, wie sie ihren Hofbrauer gerne nennen. Mittlerweile 20-mal im Jahr wird ein frisches Saisonbier angestochen, das dann rund 14 Tage vorrätig ist. Dann gibt es Roter Wedding, Schwarze Molle oder Alter Schwede. Das Bayrisch Hell im Mai eröffnet die Biergartensaison mit dem üblichen Zipp und Zapp. Die Kellnerinnen schleppen dann im Dirndl die Brez'n und die Weißwürstl aus dem Keller. Und selbst Martin Eschenbrenner zieht zum zünftigen Anstich die weißen Gummistiefel aus und schlüpft in Schuhe und in Lederhosen. Dann setzt er sich in einem der seltenen Momente der Entspannung zu seinen Gästen auf die Holzbank und schaut dem bunten Treiben zu. »Manchmal ist die Brauerei wie ein Knast. Da kommst du über Wochen nicht mehr raus«, sagt ein nachdenklicher Brauer und Brenner. »Mein Traum wäre es, ein Jahr auf einer abgelegenen Insel zu verbringen. Aber meine Frau befürchtet, dass ich da gleich wieder eine Brauerei errichten würde.«

STECKBRIEF

Eschenbräu

Triftstraße 67
13353 Berlin
www.eschenbraeu.de
Tel. 0162 - 493 19 15
U6/U9 Leopoldplatz, S4/S42/U6 Wedding

Öffnungszeiten
Bierkeller: täglich ab 17 Uhr, von Juni–August ab 15 Uhr

Die Brauerei
Hausbrauerei, Bierkeller, Biergarten und Vertriebsbrauerei seit 2001

Der Brauer
Martin Eschenbrenner
Diplom-Brauingenieur
geboren 1971 in Karlsruhe
in Berlin seit 1995

Seine Biere
Pils, Alt-Berliner Dunkel, helles Hefeweizen, 20 Saisonbiere übers Jahr verteilt

Seine Lieblingsbiere
Roter Wedding, Hopfenblume

BrewBaker
Moabit / Sickingenstraße

Michael Schwab: »Als Gastronom bist du Freiwild«

»Es ist einfacher, ein Chemiewaffenlabor zu unterhalten als eine Gastronomie«, blickt der Berliner Braumeister Michael Schwab auf bewegende Jahre als Gasthausbrauer zurück. »Ich habe viel Lehrgeld zahlen müssen. Am Anfang stand die Bank, die den zugesagten Kredit für die Brauanlage nicht auszahlte. Ich musste begreifen: Ein Handschlag guter kaufmännischer Schule wie in Hamburg zählt in Berlin nichts.«

Aber Michael Schwab ist keiner, der schnell aufgibt. »Ich wurde immerhin im Wedding geboren, bin in Reinickendorf aufgewachsen und habe 18 Jahre beim Frohnauer SC Fußball gespielt.« Im Mittelfeld, kreativ und anpassungsfähig. »Eher wie Michael Ballack. Ich war meiner Zeit voraus.«

So ist es auch in den 1990ern, als Michael Schwab zu den Gründern der legendären Bier-Company gehört. »Das war eigentlich eine Schule für Heimbrauer und ein Laden für Braubedarf«, erzählt der Berliner Brau-Bäcker. »Wir wurden damals in der Kreuzberger Körtestraße trotzdem schnell zu einer Mini-Brauerei. Aber mit einer 100-Liter-Anlage war das auf Dauer nicht tragbar.«

Also schließt Michael Schwab seinen Diplom-Ingenieur an der Berliner Versuchs- und Lehranstalt für Brauerei ab. Weitere Praxiserfahrung sammelt er in der mittlerweile geschlossenen Gasthausbrauerei »Alter Fritz« in Tegel und sogar beim großen Konzern, bei Berliner Pilsener. Trotz der anfänglichen Finanzierungsprobleme gelingt es Schwab und weiteren Mitstreitern 2005, mit der BrewBaker GmbH die alte »Weinwirtschaft« im S-Bahn-Bogen 415 zu übernehmen. Über fünf Jahre führen sie dort ein kleines Brauhaus mit Restaurant, das »BrewBaker am S-Bahnhof Bellevue«. »Das klingt für eine Biermanufaktur doch besser als ›an der Flensburger Straße‹, oder?« Ja, das klingt gut.

»Wir haben anspruchsvoll, aber bodenständig und einfach gekocht, mit vielen biologischen und regionalen Zutaten.« Die Küche des S-Bahn-Bogens und die hausgebrauten Biere wie Bellevue Pils und Red Lager

Michael Schwab verkauft sein BrewBaker auch im Fass

erfreuen sich sehr bald großer Beliebtheit im Hansa-Viertel. Doch der Braumeister gerät an den Rand des Wahnsinns: »Das Personal zu führen und abzusichern ist ein irrer Aufwand. Allein die Personalabrechnungen füllten jeden Monat einen neuen Aktenordner.« Michael Schwab hat zwar nur 70 Plätze in seinem Restaurant, zählt aber in wenigen Jahren einen Durchlauf von über 60 Mitarbeitern. »Zeitweise wurde in der Küche mit Waffen und Drogen gehandelt. Stress mit dem Finanzamt, mit dem Gesundheitsamt und dann noch mit dem eigenen Personal; als Gastronom bist du Freiwild für alle.« Der Genickbruch für den Bogenbrauer kommt jedoch weder durch einen bewaffneten Koch, noch von der Drogenfahndung, sondern von der Deutschen Bahn, die plötzlich die Miete um 66 Prozent anheben will. Ein Dolchstoß. Die BrewBaker geben die Gastronomie 2010 auf und liquidieren zwei Jahre später auch die GmbH.

Michael Schwab nimmt die Markenrechte an BrewBaker mit und gründet jetzt die Berliner Getränkemanufaktur, »vier Leute, ein ganz nettes Konsortium«, wie er sagt. Schwab ist der Kopf des Quartetts, »der Brauer, der Geschäftsführer und der kreativ-wahnsinnige Geist dahinter«.

BrewBaker-Label

Doch die Achterbahnfahrt des Michael Ballack unter den Berliner Braukünstlern geht weiter. Jetzt umwirbt die historische und wunderschöne Arminius-Markthalle in Moabit die BrewBaker-Brauerei. »Der Manager liebte mein Bier, und die Betreiber wollten hier vielfältiges Handwerk zeigen. Ein tolles Konzept, ein riesiges Manufactum.« Doch dann kommt der nächste Wahnsinn: fünf Monate dauert die Installation, dreimal muss BrewBaker innerhalb der Halle umziehen, weil ihnen immer wieder die Bodenfliesen um die Ohren fliegen. »Am Ende gab es dann nur eine einzige Manufaktur, uns.« Die Bedingungen für eine Kleinbrauerei waren lausig. »Die Bezeichnung ›Logistikingenieur‹ ist heute für mich ein Schimpfwort«, seufzt Schwab.

BrewBaker Schwab zieht wieder aus und findet Braumöglichkeiten vor den Toren der Stadt. Er steigt in die Luckenwalder »Spezialitäten Brauerei« ein und braut die BrewBaker-Biere nun vorübergehend in Brandenburg. Doch auch diese Brauherberge in Luckenwalde ist kein Ort der Besinnung für den umtriebigen Mittelfeldspieler des Frohnauer SC; das ist nichts für zarte Gemüter und besorgte Mütter: »Mein Vermieter ist der Insolvenzverwalter. Mein Vertrag ist eine E-Mail.«

»Man darf Bier nicht zu ernst nehmen«, sagt Schwab. »Bier ist ein veritables Genussmittel, es soll Spaß machen und schmecken.« Bei den »Durstlöscherbieren« der Industriekonzerne hört dieser Spaß für ihn allerdings auf. Schwab ist ein großer Schöpfer etlicher neuer Biere, der Erfinder von »Berliner Nacht« und anderem »Freak-Stoff« der »Berliner Serie«. »Jeder muss es nach den eigenen Ideen brauen. Ich muss mich austoben zwischen den traditionellen englischen IPAs und den bombastischen IPAs aus Amerika. Es sind meine Biere. Wenn am Ende alle die USA-Biere klonen wollten, wäre das IPA irgendwann so langweilig wie schon heute das Massenpils.«

Der Reinickendorfer ist stolz, der Erste zu sein, der ein India Pale Ale in Berlin gebraut hat. Ein langer Weg. Schwab ist heute froh, dass so viele Amerikaner, Dänen und Italiener nach Berlin gezogen sind. Die sind bereit, mehr für gutes Bier zu zahlen. Die wissen, dass guter Hopfen teuer ist. »Man darf jetzt nicht in Schönheit sterben. Nur so haben unsere Genussbiere neben den Massenbieren ihre Chance. Ich glaube sogar, dass sich durch die vielen Kochshows im Fernsehen auch das Bewusstsein über Bier verändert.«

Möglichst bald sollen die Biere der Handwerksbrauerei BrewBaker wieder in Berlin gebraut werden. »Berliner Bier muss in Berlin gebraut sein«, bittet Schwab um Verständnis für das Luckenwalder Auswärtsspiel. Mittlerweile hat seine Manufaktur neue Räume in Moabit gefunden, im hinteren Bereich der großen Lagerhalle der Welifa-Getränkegroßhandlung in der Sickingenstraße. Am Anfang gab es überraschende Probleme wegen des Brauwassers: »Bei Welifa haben wir sofort eine Brunnenbaufirma mit Bohrungen beauftragt. Die bohrten am Zaun hinter der Halle und stießen plötzlich auf Chemikalien vom Nachbargrundstück.«

Manchmal kommt auch Pech dazu. Und gelegentlich die passende Musik, wie sie auch in diesem Moment aus dem blechernen Hallenradio schallt: *And it's all over now, Baby Blue*, Bob Dylans Kult-Hit von seinem Album *Bringing It All Back Home*.

Drei weitere Baufirmen sind derweil im Innenbereich am Welifa-Hallenboden verzagt. »Der ist hier aus Guss-Asphalt. Wir brauchen aber einen stabilen, harten Grund mit säuren- und laugenbeständiger Beschichtung und das entsprechende Gefälle«, erläutert Michael Schwab. »Ich habe gerade in der Pfalz eine günstige Flaschenwaschanlage gekauft, die bis zu 1000 Flaschen in der Stunde spülen kann.« Und diese neue Spüle wiegt ebenso ihre schlappen 3,5 Tonnen.

Beim Ortstermin im Mai 2014 steht das moderne BrewBaker-Sudhaus noch nicht installiert in der großen Halle unter den weißen Hochregalen des Getränkelagers. Eine feine Brauanlage im logistischen Wartestand neben einem ruhenden Presslufthammer, aber im Grunde zu jeder Schwabschen Brautat bereit. Michael Schwab, der irgendwie Unbezwingbare, das Stehaufmännchen der Berliner Brauerzunft, der nimmermüde Mittelfeldspieler, der Mann, der Logistikingenieure ebenso hasst wie überquellende Aktenordner, aber dessen Anwesenheit auf der Brücke eines jeden sinkenden Schiffs breite Zuversicht ausstrahlen dürfte, dieser Macher großartiger Handwerksbiere blickt jetzt nachdenklich auf die Edelstahlkessel in der Welifa-Halle von Moabit und schenkt der Nachwelt diese Weisheit: »Deine erste Brauanlage baust du für einen Feind, deine zweite dann für einen Freund und erst die dritte Brauerei baust du für dich selbst.« In diesem Moment hebt Bob Dylan zu den Schlussakkorden an: *Strike another match, go start anew.*

STECKBRIEF

BrewBaker

Sickingenstraße 9–13
10553 Berlin
www.brewbaker.de
Tel. 0177 - 694 09 61
S4/S42 Beusselstraße

Öffnungszeiten
Mo–Sa 9–18 Uhr

Die Brauerei
Vertriebsbrauerei und Abholmarkt seit 2010,
einst Gasthausbrauerei 2005–2010

Der Brauer
Michael Schwab
Diplom-Brauingenieur
geboren 1974 in Berlin-Reinickendorf

Seine Biere
Bellevue Pils, Red Lager, Pumpkin Lager, IPA, Helles, Berliner Weiße, verschiedene Stouts und viel mehr

Seine Lieblingsbiere
»Biere mit einem guten Trinkfluss und einer ordentlichen Portion Charakter«

Berliner Bären-Bräu

Eine kleine Weihnachtsgeschichte vom Rande des Erzgebirges

Das feinherbe Pils von Berliner Bären-Bräu ist ein Kuriosum in der Berliner Bierwelt und letztlich ein verlorenes Brauerbaby. Entwickelt hat es der BrewBaker Michael Schwab 2012 in der Arminius-Markthalle in Moabit, wo er es auch für einige Monate braute. Bären-Bräu ist jedoch keine BrewBaker-Marke, sondern war ein Lohnbrauer-Auftrag für den aus Köln stammenden Marketing-Abenteurer Markus Grüsser. Dieser geschäftstüchtige Rheinländer mit zarten Wurzeln in Zehlendorf ließ sich die Bären-Marke schützen und verpasste dem Pils einen bärenstarken Auftritt als »das unabhängige Hauptstadtpils«. Bären-Bräu sei das »unverschämt andere Pils«, denn es sei »ein Stück unverschämt aromatischer Berliner Bierkultur«, meint Grüsser.

Das Problem seines flüchtigen Moabiter Bären-Babys ist jedoch, dass es schon seit 2013 in der Privatbrauerei Einsiedler in Chemnitz gebraut wird, unverschämt weit weg von Berlin. Grüsser und seine »Getränke Zukunft Vermarktungs GmbH« leiteten in dem Chemnitzer Ortsteil Einsiedel seinerzeit den Vertrieb und die Markenführung des alten Brauhauses, sodass sie dem in Berlin nach der BrewBaker-Insolvenz 2010 verstoßenen Bären Zuflucht gewähren konnten. Der Bär fühlt sich da ganz wohl und strebt für 2014 einen Ausstoß von 2000 Hektolitern an, die praktisch komplett in Berlin nebst Speckgürtel abgesetzt werden sollen.

»Mein Bären-Bräu ist ein modernes Pils, einzigartig, anders, der tägliche kleine Luxus«, erzählt Markus Grüsser, der überzeugt ist: »Marketing und Vertrieb sind die Schlüssel im Biergeschäft«. Da kennt er sich wohl aus. Seine Diplomarbeit als Kaufmann hatte er einst über den Relaunch der Klosterbrauerei Neuzelle geschrieben, eine von vielen Brauereien, die Grüsser in seiner Werbe-Laufbahn schon beraten hat. »Wir überlegen oft zusammen, was man gegen den Berliner Großkonzern noch so alles tun kann.« Ein Held.

»Ich mag Craft Biere, ja, ich liebe sie. Aber für das Gros der Leute sind sie doch zu heftig«, sagt der Mann, der fast täglich zwei bis drei Biere

Markus Grüsser: »Marketing ist der Schlüssel im Geschäft«

trinkt. »Deshalb wollte ich ein Bier zum Jeden-Tag-Trinken haben.« Und es wurde Bären-Bräu. »Ich bin die Schnittstelle zwischen Industrie- und Craft-Brauern!«

Herr Grüsser, Marketing ist ganz wichtig, aber das Kind hat doch einen Namen. Wann kommt ihr unverschämtes Hauptstadt-Pils nun zurück nach Hause? – »Wir kommen gut voran mit den Investoren und den Betreibern einer eigenen Brauerei in Berlin«, sagt Grüsser. »2015 soll Spatenstich sein. Wenn alles gut geht, kommt das Berliner Bären-Bräu Weihnachten 2015 wieder aus Berlin.« Dann alles Gute und Frohe Weihnacht! (www.berlinerbaerenbraeu.de)

Vagabund Brauerei Wedding / Brüsseler Kiez

David, Matt and Tom: Teaching English, pushing apples, learning beer

Beer makes you feel the way you ought to feel without beer ist keine Weisheit, die die Vagabund Brauerei im Wedding entdeckt hätte. Aber die Brauer haben diese etwas melancholische Erkenntnis auf eine Schiefertafel in ihrem Gastraum gesetzt. Das Zitat stammt von dem australischen Dichter und Schriftsteller Henry Lawson. Vermutlich schrieb er es in seinen letzten Jahren, bevor ihn seine fortschreitende Alkoholsucht 1922 in den Tod lenkte. Immerhin wurde Lawson unter Teilnahme des australischen Premierministers in einem Staatsbegräbnis in Sydney beigesetzt.

Die drei Brauer, die Lawson noch heute die Ehre erweisen, sind aber auch ohne Bier gut drauf. Ausnahmsweise nennen wir Mr. Walthall, Mr. Spengler und Mr. Crozier in dieser Geschichte so, wie man es in den Oststaaten der USA üblicherweise bei einem guten Bier tut, nämlich beim Vornamen. Denn auch in Berlin sind die drei sympathischen Amerikaner nur als Matt, David und Tom bekannt.

David stammt aus Buffalo, New York, und studiert im beginnenden Jahrtausend europäische Geschichte. Sein erster Europaaufenthalt bringt ihn mit dem amerikanischen »Peacecorps« für zwei Jahre in die Ukraine. Eine Herzensangelegenheit führt ihn anschließend nach Berlin, wo er sich fortan als Englischlehrer verdingt. Bald kommt es zu einer wegweisenden Begegnung. »Es war im Summer Camp 2006, so ein Sailing-Surfing-English-Camp in Wieck bei Greifswald«, erinnert sich David. »Ich unterrichtete dort Englisch. Und dabei traf ich Matt.«

Matt ist ebenso wie David Lehrer in Berlin, aber was die beiden besonders verbindet, ist die Musik. Sie spielen zusammen Gitarre und gründen die Rock- und Folkband »Push the Apples«. Sie schaffen es nicht in die Charts, kommen aber zu einigen Auftritten auf Newcomer- und Insiderbühnen wie der Kreuzberger »Junction Bar«. Irgendwann ruft dann Tom aus den USA an. Der will da raus.

»Beer makes you feel the way you ought to feel without beer«, Henry Lawson

Tom ist wie Matt gebürtig aus Oakland im Bundesstaat Maryland. Die beiden kennen sich schon seit Jahren. Tom spielt Bass. 2009 siedelt auch er nach Berlin über. Echte Freunde. Es klingt wie in einer Soap über heimatlose East Coast Boys: Jetzt sitzen hier drei amerikanische Twens in Berlin zusammen. Tagsüber unterrichten sie Englisch an Privatschulen mit lustigen Namen wie »Oskar lernt Englisch« oder in diversen Kindergärten. Abends im Probenkeller musizieren sie. Wie Schwiegersöhne aus dem Katalog.

Nichts da. Tom bekommt kulinarisches Heimweh. »Ich hatte in Berlin fast alle erhältlichen Biere aus Geschäften, Bars und Restaurants probiert. Ich fand sie ganz gut«, denkt er an etwas ernüchternde Berliner Momente zurück, mit gefasstem Respekt, als habe er Angst, die Ehre der deutschen Brauer zu verletzen. »Aber ich konnte nirgends die Vielfalt an Bierstilen finden, die ich in den USA gewohnt war.« Der Dichter Henry Lawson hat gut möglich Recht mit dem zitierten Bier-Gefühl, aber es ist offenbar nicht irgendein Bier, das einem diese wunderbare Leichtigkeit verleiht. Und Tom weiß, wovon er spricht. Er lebte vor seinem Umzug

Vagabunden: David Spengler, Matt Walthall und Tom Crozier

nach Berlin in Atlanta, Georgia. Das ist nicht nur die Heimat von CNN und Coca-Cola, sondern ein Hotspot der US-amerikanischen Craft Bier-Szene.

Come on, let's do it. Die drei beginnen jetzt in Matts Küche mit einem 20-Liter-Pott eigenes Bier zu brauen. Klassische Heimbrauer. Fermentiert wird im Büro. Sie experimentieren und werden immer besser, lassen Freunde probieren. Dann kommt der Durchbruch. David erinnert sich noch genau: »Wir waren mit unseren Bieren auf einer ›Book Release Party‹ in der Schönleinstraße, in der Cheese Mountain Tragedy-Galerie. Wir hatten unser Kaffee-Bier und ein Double IPA am Fass mitgebracht.« Der Gastgeber und Galerist ist Josh Bauman, seines Zeichens Cartoonist und ein ausgesprochener Kaffeeliebhaber. An dem besagten Abend präsentiert er die Vernissage des holländischen Animators und Cartoonisten Dirk Verschure. Erst ganz nebenbei und dann immer mehr im Zentrum der Gespräche geht es um das Bier von David, Matt und Tom. »Die Leute waren total begeistert.« David vergisst das nie. »It was a constant love fest.«

Die drei von der Ostküste gründen nun »Vagabund«, nachdem sie Namen wie »Daily Bread« verworfen hatten. »Vagabund passt zu uns. Wir sind zugereist aus den USA. Wir hatten die ersten Jahre noch keine eigene Brauerei. Und es klingt im Deutschen wie im Englischen fast gleich«, erzählt David, der Englischlehrer a. D. »Vagabund really fixed the thing.«

Anfangs vagabundieren sie als Gypsy-Brauer mit ihren Rezepten durch Kesselhäuser von Kollegen wie Thorsten Schoppe und Johannes Heidenpeter. Dann begeben sie sich auf die Suche nach Geld. »Wir haben auch mit einer Bank gesprochen«, erinnert sich David. »Die war skeptisch, fragte nach unserer Zielgruppe. Wer will denn euer Bier kaufen, wollten die wissen. Was ist euer Marketingplan?« Schließlich gelingt es Vagabund, über das Crowdfunding 21000 Euro einzusammeln. Ein Riesenerfolg und der Startschuss. Die Gönner sind heute im Türbogen zwischen Kneipe und Sudhaus namentlich verewigt.

Stadtweit suchen die drei nach einem Lokal. Ein schwieriges Unterfangen angesichts wahlweise hoher Mieten, prekärer Lagen oder technischer Auflagen für eine Brauerei. Fündig werden sie in der Antwerpener Straße im Wedding, wo noch ein paar Jahre zuvor die Hells Angels eine Spielhölle betrieben hatten. Mit viel Eigenarbeit entsteht jetzt eine richtig gemütliche Kneipe mit reichlich Holz, großen schwarzen Schiefertafeln und vor allem Bier aus der hauseigenen Brauerei. Die 200-Liter-Sudanlage haben die behutsamen Rechner komplett aus den USA importiert, was wegen des dortigen Mikrobrauer-Booms inklusive Transport und Zoll noch immer günstiger sei, als eine neue Anlage in Deutschland zu kaufen.

»Am Anfang haben wir unsere Herkunft aus den USA mehr oder minder verborgen«, erzählt Matt. »Wir waren unsicher, ob die Leute uns das verübeln. ›Warum sollen denn Amerikaner hier Bier brauen?! Kennen die überhaupt das Reinheitsgebot?!‹ Immerhin sind etwa 80 Prozent unserer Gäste Deutsche.« Doch die Scheu ist unbegründet. Heute sind sie sehr froh über ihre Gäste und die Barbesucher glücklich über sie.

»Ich mag vor allem die alten Gäste. Manche betreten erstmals in ihrem Leben eine Bar, die nicht so eine normale, deutsche Kneipe ist.« David liebt es, das Herz der Senioren zu gewinnen. »Neulich kam ein etwa 80-jähriges Ehepaar rein. Die setzen sich erst etwas verschüchtert auf die roten Kissen auf der Fensterbank. Und am Ende haben sie ein Pale Ale nach dem anderen getrunken.« Nachbarn, die wiederkommen. David strahlt.

Die Vagabund Brauerei ist seit 2013 eine Institution im Kiez. Eine Küche gibt es hier zwar nicht. Aber die Gäste können zu essen mitbringen, was sie wollen, nach bester bayrischer Biergartenordnung. An jedem dritten Mittwoch im Monat laden David, Matt und Tom zum »Live english comedy radio podcast recording«. Und gelegentlich stellen sie ein offenes Mikrofon in den Raum für jeden, der singen oder vortragen will. Vielleicht rezitiert ja eines Abends jemand Henry Lawson. Immerhin wird ihm von einigen Literaturkennern ein sehr schönes Gedicht zugeschrieben:

The Vagabond

Give to me the life I love,
Let the lave go by me,
Give the jolly heaven above
And the byway nigh me.

Bed in the bush with stars to see,
Bread I dip in the river –
There's the life for a man like me,
There's the life for ever.
…

STECKBRIEF

Vagabund Brauerei

Antwerpener Straße 3
13353 Berlin
www.vagabundbrauerei.com
Tel. 030 - 52 66 76 68
U6 Seestraße

Öffnungszeiten
Di–So 19 Uhr – open end

Die Brauerei
Gypsybrauer seit 2011, Gasthausbrauerei seit 2013, Kultur- und Bierkneipe

Die Brauer
Matt Walthall
geboren 1981 in Oakland, Maryland
in Berlin seit 2005

David Spengler
geboren 1979 in Buffalo, New York State
in Berlin seit 2006

Tom Crozier
geboren 1984 in Oakland, Maryland
in Berlin seit 2009

Ihre Biere
Smoked Ale, Pale Ale, Smash (simpliziertes Pale Ale), ABC American Wheat, häufig wechselnde Variationen und Saisonbiere

Ihre Lieblingsbiere
»Je nach Stimmung, wie mit der Musik, generell dunkle, stark gemalzene Biere, heute aber gerne ein ›Left hand milk stout‹« (David).
»Meine Stimmung ist heute für ein belgisches Duvel« (Matt).
»The beer that fits the moment. Darker at winter time, fruitier in the summer. In Atlanta hat mich ein Porter sehr inspiriert« (Tom).

Etikettenschwindel

Längst nicht überall, wo »Berlin« und »Brauhaus« draufstehen, ist auch Berliner Bier drin

Wer nicht aufpasst, besucht vielleicht Berliner Brauhäuser, die gar keine sind. Oder er trinkt »Berliner« Bier, das gar nicht aus Berlin kommt. Hoppla! Dabei soll nicht das architektonische und kulturelle Erbe der zahlreichen historischen Brauereien infrage gestellt sein, die ihren Betrieb irgendwann einstellen mussten. Aber in der Gastronomie und im Biervertrieb gibt es ein paar Marketingstrategen, die sehr gerne den Trend zu neuen Bieren aus der Hauptstadt mitreiten wollen. Es ist ja auch richtig schick geworden, vom eigenen Brauhaus und vom Berliner Bier zu erzählen.

Etwa das **Brauhaus Gaffel** in der Dorotheenstraße in Mitte braut sein Kölsch nicht an der Spree. Geht ja auch gar nicht – Kölsch kann nur in Städten im Rheinland gebraut werden, die über einen Dom, ein Dreigestirn und fünf Jahreszeiten verfügen. Ganz hübsch schreiben die Brauer von Gaffel über ihre Berliner Schankstube, es sei das »wohl schönste kölsche Brauhaus östlich von Köln.« Das muss sich dem Berliner Frohsinn nicht sofort erschließen.

Das **Brauhaus Lindenbräu** im Sony Center versammelt an guten Tagen Tausende Touristen um einen blitzblank polierten Sudkessel, doch »frisch Gebrautes aus dem Sterlingsilberkessel« gibt es hier schon seit 2013 nicht mehr. Das Brauen in Berlin ist eingestellt. Zum »Auszuzzeln« der Weißwurst gibt es heute Bier aus dem Allgäu, pur oder »neu-bayrisch« versetzt mit Früchten wie Mango, Ingwer und Banane.

In Neukölln stellte das **Brauhaus in Rixdorf** vor wenigen Jahren den Braubetrieb ein. Die Gasthausbrauerei in der schönen Gründerzeitvilla in der Glasower Straße hatte immerhin seit 1988 im eigenen Haus gebraut. Weiterhin gibt es dort eigenes »Rixdorfer« nach den Bierrezepten des Hauses. Gebraut wird nunmehr in Brandenburg.

Kreuzberger Tag und **Kreuzberger Nacht** sind zwei Geheimnisträger unter den Bieren. Auf der Bierflasche erfährt man nicht, wo es gebraut wird. Unter der auf den Lieferwagen angegebenen Telefonnummer wird man recht schroff abgewimmelt, wenn man nach dem Brauhaus fragt. Die Homepage bekennt sich gerade mal zu »stimmungserprobten Kreuzberger Gaststätten«. Und in einer solchen ausschenkenden Kneipe glaubt man, dieses Bier sei aus der Alboinstraße. Dort gibt es aber keine Brauerei, allenfalls ein Getränkelager. Erst am eigenen Tag- und Nacht-Stand auf dem Bergmannstraßen-Fest ist zu erfahren, dass es aus einer Privatbrauerei in Thüringen komme. Dann gute Nacht.

Ähnlich klingt es bei **Quartiermeister – Bier für den Kiez**. Der eigenen Angaben nach soziale und nicht gewinnorientierte Verein verspricht Bier nach der Devise »regional produzieren, regional konsumieren und regional fördern«. Bei der Produktion ist regional aber noch Luft nach oben: Es wird gebraut von der Stadtbrauerei Wittichenau in Sachsen.

Auch »Berlin Love« von **Brlo** ist ein Gypsy-Bier, entwickelt zwar in Berlin, aber gebraut bislang außerhalb in der Neuzeller Klosterbrauerei und in der Brauerei Landsberg.

Das **Berliner Bären-Bräu** versteht sich als »das unabhängige Hauptstadtpils« und als »unverschämt anders«. Kein Wunder. Es kommt ja auch aus Chemnitz. Weil es aber einst in Berlin entwickelt wurde und vielleicht bald wieder heimkehrt, bekommt es hier einen Willkommensgruß und ein eigenes kleines Kapitel auf Seite 134.

MARZAHN / PERIPHERIE

Marzahner Börsenbräu
Marzahn / Alte Börse

Peter Kenzelmann: Vom DDR-Museum zum Börsenbier

Dieser Brauerei-Standort ist derart bizarr, dass ihn bis vor kurzem kaum jemand gekannt haben dürfte. Ein Ortstermin. In einer schmalen, versteckten Brache des Stadtteils Marzahn liegt der bis Anfang 2013 verlassene »Magerviehhof« Berlins. Bis vor kurzem eine denkmalgeschützte Industrieruine im Nirgendwo: Weit im Süden des Hofs beißt eine Zeile von graugelben Plattenbauten in den Horizont. Im Westen grenzt direkt das örtliche Heizkraftwerk an, mit einem kolossalen Schlot und schwer tragenden Strommasten. Im Osten formiert sich seit jüngstem eine legolandartige Doppelzeile von Einfamilienhäusern. Im Norden versperrt eine Industriehalle den Blick.

An diesem Ort kauften Berliner Bauern und Züchter einst ihr Vieh von den Händlern aus dem weiten Umland. Sie kauften für die eigene Mast, denn die hier gehandelten Tiere waren noch »mager«. Geschlachtet wurde allenfalls von der Seuchenaufsicht, aber nur in Notfällen. Hier wurde vor allem gefeilscht, bis der Hammer fiel. Die Denkmalschützer des Bezirks listen aus alten Börsentagen: »Rindermarkt/Wollmarkt, Magerviehverwaltung, Pferdemarkt, Schweinemarkt, Handelszentrum mit Börse und Dienstwohngebäuden, dann Schafmarkt, Gänsemarkt, Seuchenhof, Maschinenhof, Kläranlage und Güterbahnhof«.

Die Tierbeschauung passierte auf dem großen Hof und in den Stallungen. Im Börsenhaus wurde dann ersteigert, palavert und gegessen. Der Umschlagplatz funktionierte seit seinem Bau im Jahr 1903 und bis etwa 1950. Schon im Zweiten Weltkrieg nutzte die deutsche Luftwaffe Teile des Areals. Nach der Kapitulation zogen russische Besatzungstruppen ein, und die Viehbörse wurde geschlossen. Bald darauf nahm die Nationale Volksarmee die Gebäude in Beschlag, u. a. zu Proben der Märsche, Musikkapellen und Modenschauen für die großen Paraden zum 1. Mai und als Garage für ihre Panzer. Die Alte Börse wurde gleichsam militärisches Sperrgebiet und nach der Wende offenbar völlig vergessen.

Peter Kenzelmann: »Wir sind bodenständig und authentisch«

Ein Soziologe, Völkerkundler und Marketing-Trainer aus dem Allgäu suchte gerade eine neue Herausforderung, gründet die Alte Börse Marzahn GmbH und erwirbt Anfang 2013 ein drei Hektar großes Stück des Geländes samt Börsenhaus, Bahnrampe und Nebenhallen. Es ist Peter Kenzelmann. Er war schon der Initiator des heute in Berlin-Mitte etablierten DDR-Museums. Jetzt ist er der Macher der Alten Börse.

»Ich wollte an diesem Ort von Anbeginn auch eine eigene Brauerei haben. Ich plante, dazu einen Brauer einzustellen und hauseigenes Börsenbräu zu brauen«, erzählt Peter Kenzelmann von seiner Ausgangsidee. »Dann bekam ich Kontakt zu den Brauern von der Berliner Bierfabrik. Wir merkten schnell, dass wir auf einer Wellenlänge sind.« Heute arbeiten die netzwerkaffinen Bierfabrikanten (siehe nachfolgendes Porträt) in einem Joint Venture mit der Alten Börse Marzahn zusammen. Die Bierfabrik ist Mieter auf dem Gelände mit einer eigenen Brauerei und gleichzeitig Brauer in Peter Kenzelmanns schmucker Gasthausbrauerei.

»Mir geht es ums Handwerk und um die Bewahrung der Vielfalt, nicht nur beim Bier«, so Kenzelmanns Philosophie. »Ich habe ja mal in einer

Der einstige Magerviehhof von Marzahn: Ostalgischer Brauhof

Bäckerei gearbeitet und will in Zukunft auch an der Börse wieder backen.« Schon bald soll es aus der kleinen Kneipenküche zu den Würstchen und Kartoffelsalaten selbst gemachtes Treberbrot geben, gebacken mit den Getreiderückständen aus der Brauerei. Nebenan wird es noch üppiger: »In der alten Kantine der Viehbörse ist ein schickes Restaurant eingerichtet. Und aus der Halle hinter dem Börsenhaus, wo 2014 noch eine Autolackiererei Luxus-Limousinen besprüht, wird demnächst unser größter Veranstaltungssaal. Der Brandschutz erlaubt 1388 Besucher«.

Seit der Eröffnung im Juni 2014 entwickelt sich um die Alte Börse Marzahn ein neues Künstler- und Eventzentrum, mit Kreativen vom legendären und geräumten Tacheles, mit Liebhabern des Urban Gardening und mit gleich zwei Brauereien. Die Hausmarke ist das Marzahner Börsenbräu, ein naturtrübes Pils mit feinen Hopfenaromen nach Schwarzwälder und brandenburgischen Rezepten. Und die Nachbarn von der Berliner Bierfabrik wollen die kleinere Brauanlage im Gasthaus künftig für zahlreiche Spezialbiere und neue Kreationen nutzen.

»Am Anfang habe ich mit der neuen Anlage selbst mal einen Sud von 50 Litern Bier gebraut«, erzählt Kenzelmann, der Liebhaber des bodenständigen Handwerks. »Dafür habe ich sogar 3,68 Euro Steuern gezahlt. Heute bin ich froh über die Brauer von der Bierfabrik. Ein Glücksgriff.« Berlins Brauerszene hat hinter dem Heizkraftwerk Marzahn einen vergessenen Ort und einen zu oft belächelten Stadtteil wachgeküsst.

STECKBRIEF

Marzahner Börsenbräu

Alte Börse Marzahn
Beilsteiner Straße 51–85
12681 Berlin
www.marzahner.de
Tel. 030 – 55 07 40 74
S5 Friedrichsfelde-Ost (1,5 km entfernt), Tram M8 Beilsteiner Straße, Bus 194 Kröver Straße

Öffnungszeiten
Bierstube: Im Winter Sa und So 9–24 Uhr,
im Sommer täglich 9–24 Uhr

Die Brauerei
Gasthausbrauerei seit 2014; Frühschoppen, Restaurant, Kulturveranstaltungen

Der Brauer
Julian Schmidt (siehe Seite 148) u. a.

Der Brauerei-Initiator
Peter Kenzelmann
geboren 1970 in Wangen im Allgäu
in Berlin seit 2010

Seine Biere
Marzahner Börsenbräu (Pils) und neue Kreationen

Sein Lieblingsbier
»Immer wieder ein neues.«

Berliner Bierfabrik Marzahn / Alte Börse

Julian Schmidt: Start-up-Brauerei mit Bachelor of Science

Die drei Studenten von der TU sind in ihrem Studiengang »Brauerei- und Getränketechnologie« mit den Vorlesungen zu Thermodynamik, Lebensmittelanalytik und mikrobiologischer Betriebskontrolle noch längst nicht ausgelastet. »Lass uns besser nicht über die Uni reden«, Sebastian Mergel denkt nicht so gerne an seinen Bierbrauer-Bachelor. »Nur so viel: Wenn tatsächlich mal was Innovatives passiert und die TU den legendären Braumeister der Brooklyn Brewery für einen Gastvortrag in Berlin gewinnt, aber die eigenen Studenten noch nicht einmal dazu einlädt, dann sagt das eigentlich alles.«

Also setzen sich die Kommilitonen schon 2010 nach Vorlesungsende in der WG-Küche zusammen, um mit Hopfen und Malz zu experimentieren. Auf dem Balkon brauen sie in einem alten Glühweintopf und anderen Bottichen ihre ersten Biere. Das Gebräu aus der studentischen Versuchsanlage durchläuft zahlreiche Tests an lebenden Probanden auf den einschlägigen Weddinger Partys. Erfolgreich. Kurzum gründen sie das lange Zeit stadtweit bekannte Brauensemble »beer4wedding«. Später dann, im Frühjahr 2014, wird daraus die »Berliner Bierfabrik« mit Brauerei und Sitz in Marzahn.

Das Gründungstrio bilden Julian Schmidt an den Sudkesseln, Sebastian Mergel am Ohr der Öffentlichkeit und André Schleypen im Lieferwagen und im Archiv. Alle Ende 20 und in der Tiefe ihrer Seele überzeugt, dass es noch ein Bier nach der Uni geben muss. Anfang 2014 verstärken sie die kleine Firma mit einem in der deutschen Braugeschichte kaum bekannten Wesen: eine Frau. Sandra Penack ist Absolventin der »Organischen Biologie und Evolution« an der Humboldt-Uni mit einem Master of Science.

Und wie schon von Evolutionsforscher Charles Darwin entdeckt, sind Arten nicht gottgeschaffen, sondern unterliegen einem ständigen Anpassungsprozess: »Und siehe da, kaum haben wir eine Frau im Team, schon treten erste Veränderungen ein«, gestehen die Brauherren unverhohlen. »Plötzlich kommen alle geduscht in die Meetings, auf einmal

Bierfabrikanten von links: Sebastian Mergel, »Sanni« Sandra Penack, »Anti« Andrea Schindler, Julian Schmidt und André Schleypen

werden Konflikte höflich ausdiskutiert und auch die Produktivität ist irgendwie angestiegen.« – Ihre »Sanni« ist die Koordinatorin des jungen Quartetts. »Finden wir gut, und auch sonst sind wir für eine Welt mit weniger Testosteron.«

Auch wenn es in den vergangenen Jahren manchmal anders behauptet wurde, ist die Welt im Wedding im Grunde nur ein kleiner Kosmos. Und da stößt man als Brauer schon mal schnell an die Grenzen von Bezirk und Balkonen. »Der Schlüssel zu allem war eigentlich der Brauwettbewerb 2011«, erinnert sich Julian Schmidt. »Den hat die Uni Hamburg-Harburg hier in Berlin veranstaltet, und wir haben am Ende mit unserem ›Wedding Pale Ale‹ den 2. Platz gemacht.« Sofort steht die Frage im Raum: Könnt ihr liefern? – »Das war schwierig. Wir hatten ja nur die 30 Liter aus dem Glühweintopf auf dem Balkon. Und unser Kühlschrank in der Küche war ja ursprünglich auch für Lebensmittel gedacht.«

Dann erinnert sich Julian Schmidt an den Braumeister Thorsten Schoppe, der seit Jahren im Brauhaus Südstern den Sud fährt. Bei ihm

Blitzblank und nagelneu: die Lagertanks der Bierfabrik

hatte er bereits ein Praktikum absolviert und bei Schoppe findet beer-4wedding schließlich unternehmerischen Unterschlupf, also Kapazitäten in den Kesseln. Die Engländer nennen solche Brauer, die keine eigene Braustätte unterhalten, »gypsy brewer«. Hierzulande heißen sie Wander- oder Kuckucksbrauer. Thorsten Schoppe ist nunmehr im Nebengeschäft als sogenannter Lohnbrauer für monatlich etwa 15 Hektoliter Wedding Pale Ale zuständig. Das Weddinger Bier ist somit im Wedding kreiert, wird aber bis 2014 noch an der Grenze zwischen Kreuzberg und Neukölln gebraut.

Das Rezept dieses obergärigen Wedding Pale Ales ist ein fruchtiger und naturtrüber Segen für den Bier-Sommelier. Es ist kalt gehopft mit wunderbaren Aromen, die einem an Zunge und Gaumen zergehen, wie sie auch bei geschlossenen Augen klingen: Magnum, Styrian Golding, Taurus, Bramling X und Amarillo.

Das zweite Bier des Hauses heißt schlichtweg Rotbier. Auf klassischem Pilsener Malz aufgesetzt, führen weitere Spezialmalze wie Caraamber zur natürlich roten Färbung. Es ist ein untergäriges Lagerbier mit mutigem

Alkoholgehalt von 6,1 Prozent. Die Kuckucksbrauer von beer4wedding hatten für diese Kreation einst ein Nest außerhalb von Berlin gefunden. Das Rotbier wurde bis 2014 in der alten Klosterbrauerei Neuzelle gebraut, bei den Spezialbiervirtuosen, die auch das in der Craft Beer-Szene berühmte »Schwarzer Abt« herstellen.

»Wir haben noch viele Rezepte in petto«, erläutert Marketing-Chef Sebastian Mergel. »Etwa das Oyster Stout.« Austernbier? »Ja, Austern waren früher ein Arme-Leute-Essen. Die Eiweiße der Austern führen zu ganz cremigen und vollen Bieren.« Das mit den glibberigen Schalenweichtieren ist dem deutschen Biertrinker nicht einfach zu vermitteln. Zumindest ist der Versuch, für die Oyster Stout-Produktion Gelder über das Crowdfunding im Netz aufzutreiben, ziemlich kläglich gescheitert. »Aber wir haben oft Doppelblindtests gemacht, und das Austernbier hat gegenüber den konventionell gebrauten immer gewonnen«, wird Mergel nicht müde zu kämpfen.

»Überhaupt, warum soll die Stärkequelle beim Bier immer nur aus Getreide bestehen!?« Plötzlich nimmt er Fahrt auf und widmet sich seinem Lieblingsthema, das hauteng mit dem Jahr 1516 verknüpft ist. »Das Reinheitsgebot ist doch ein pures Marketinginstrument zur Verbrauchertäuschung. Ein Steuerhebel, eine Regulierung für den Getreideverbrauch. Da hat man im Mittelalter zu Zeiten der Hexenverbrennung den Begriff ›Reinheit‹ festgelegt, als würden nur deutsche Brauer reinlich arbeiten«, Mergel geißelt die »deutsche Hybris« von Hopfen und Malz. »Was bitte ist an einem Hafer-Stout verwerflich?! Mit der Hopfenzulassung hat man heimische Kräuter einfach als Hexenkraut und Teufelszeug verdrängt und damit die bayrischen Klöster gerettet.«

Sebastian Mergel, seines Zeichens gelernter Winzer von der südlichen Weinstraße, wird beim Thema »deutsche Reinheit« zum Sudhaus-Aktivisten. »Nicht das unsägliche Reinheitsgebot, sondern das ›vorläufige Biersteuergesetz‹ regelt, was ins Bier darf und was nicht. Und demnach ist in vielen deutschen Massenbieren mehr Arsen, als die WHO empfiehlt.« Hier hört der Spaß auf. »Unser Ale darf nicht Bier heißen, weil Reis drin ist, aber die ›Biersteuer‹ zahlen wir trotzdem.« Dieser bierpolitische Diskurs dürfte nicht die führende Lehrmeinung an den beiden deutschen Hochschulen für Brauwesen sein. Auch in der Berliner Craft Bier-Szene sehen längst nicht alle Brauer das mittelalterliche Getreidedekret so kritisch.

Szenenwechsel. Das forsche Team aus dem Wedding bezieht im Sommer 2014 ein eigenes Quartier mit eigener Brauerei, vergrößert sich erheblich und nennt sich fortan Berliner Bierfabrik. Nach turbulenter Immobiliensuche – »unser ursprünglich geplanter Brau-Standort hatte zu wenig Strom« – mieten sie für ihre erste eigene Brauerei ein Nebengebäude der jüngst wiedererwachten Alten Börse Marzahn. Beer4wedding wird damit abgemeldet.

In der Börsenklause nebenan steht sogar schon eine kleinere Brauanlage in der Gastronomie, in der sie als Lohnbrauer das »Marzahner« gleich mitbrauen (siehe das vorherige Porträt mit Ortsbegehung). Die Bierfabrik selbst hat jedoch größere Pläne. Nebenan in ihrem »Haus 23« braut Julian Schmidt mit der nagelneuen Brauanlage mit einem 10-Hektoliter-Sud, nebst Schrotmühle und zwölf Gärtanks mit je 1000 Liter Volumen. Im Lager stapeln sich bereits Kartons mit 340000 Kronkorken. Und das neue Brauhaus hat noch reichlich Platz zur Expansion. »Wir wollen hier irgendwann im Dreischichtsystem mit neun Leuten arbeiten«, lautet Sebastian Mergels Vision. Und Julian Schmidt schwärmt schon von »20 bis 25 verschiedenen Bieren«. Im Schatten des benachbarten Kraftwerks sollte es keine Stromengpässe geben. Die Bierfabrik ist heute der Überflieger der Berliner Craft Bier-Szene und will mit ihren neuen, hochkarätigen Gesellschaftern wohl ganz nach oben – siehe dazu die »Perspektiven« auf Seite 182.

STECKBRIEF

Berliner Bierfabrik

(ehem. beer4wedding)
Alte Börse Marzahn
Beilsteiner Straße 51–85 (Haus 23)
12681 Berlin
www.bierfabrik.de
S5 Friedrichsfelde-Ost (1,5 km entfernt), Tram M8 Beilsteiner Straße, Bus 194 Kröver Straße

Öffnungszeiten
Ab-Hof-Verkauf: Mo–Fr 13–16 Uhr

Die Brauerei
Vertriebsbrauerei seit 2014 (unter dem Namen beer4wedding 2011–2014 als Wanderbrauer unterwegs)
Ausschank in benachbarter Braustube. Ab-Hof-Verkauf

Die Brauer
Julian Schmidt, angehender Bachelor of Science (B.Sc.) der Brauerei- und Getränketechnologie, zuständig für die Produktion
geboren 1986 in Erlangen
in Berlin seit 2009

André Schleypen, Chemikant und angehender B.Sc. der Brauerei- und Getränketechnologie
geboren 1986 in Würselen
in Berlin seit 2010

Sebastian Mergel, Winzergeselle und angehender B.Sc. der Brauerei- und Getränketechnologie
geboren 1987 in München
in Berlin seit 2010

Ihre Biere
Flaschenbiere: Wedding Pale Ale (IPA), Rotbier (Red Lager), Schabrackentabier (Pale Ale), Heimat (Weißbier); Fassbiere: Dunkles, Helles, Oak Aged Red Lager, Oak Aged Pale Ale, Maple Walnut Stout, Black Wit Beer u. v. m.

Ihre Lieblingsbiere
»Mit dieser Frage tun wir uns immer sehr schwer.«

Malzreise durch die hundertjährige Malzfabrik

Historische Führung durch Vorputze, Weichhaus, Darre und Tenne

Sie liegt ganz versteckt in einem kartografischen Niemandsland nicht weit vom Südkreuz. Doch über den flachen Dächern eines riesigen schwedischen Möbelhauses ragen unübersehbar jene vier wuchtigen Schornsteine aus den Gebäuden der hundertjährigen Mälzerei empor. Besonders skurril erscheinen die seltsamen Metallkappen auf den Schloten, die aussehen wie Helme gigantischer Ritterrüstungen, futuristisch anmutend mit Lanzen an der Stirn und schwingenden Flügeln im Nacken. Das ist Kunst. Immerhin verstehen sich die neuen Eigentümer der denkmalgeschützten Malzfabrik und ihr schweizerischer Geschäftsführer als »Gestalter eines Ortes, der durch Kreativität und Kultur geprägt ist«, als »pulsierende Insel in einem großstädtischen Gewerbegebiet, die zu unkonventionellem Denken einlädt«. Die Malzfabrik bietet demnach »Raum für neue Impulse und kreativen Dialog«. Gut. Die ritterlichen Schlote müssen Skulpturen einer großen Installation sein.

Zwei Stunden später bin ich eines Irrtums überführt. Die »Malzreise« beginnt im Hof zwischen den gewaltigen roten Backsteingebäuden der Mälzerei. Wir treffen uns direkt neben dem abgedeckten Schlund im Boden, wo einst komplette Eisenbahnwaggons mit erlesenen Braugersten gekippt wurden, um das Getreide in die Silos des Untergrunds rutschen zu lassen.

»Die Schultheiss AG nahm die Anlage 1918 in Betrieb. Aber Borsig, Siemens, Linde – alle waren damals an der Technik beteiligt«, erklärt die Malzreise-Leiterin Kristina Petrow. »Schultheiss haderte schon lange mit den Getreidelieferanten. Um die Qualität und die Liefermengen des Getreides zu kontrollieren, bauten sie ihre eigene Mälzerei, eine riesige und hochmoderne Industrieanlage ihrer Zeit.« Wir folgen dem Pfad der abgekippten Gerstenkörner, zunächst über ein nüchternes Treppenhaus mit schmiedeeisernen Geländern, vorbei an blätterndem Lack offen stehender Türen.

Die Maschinenhalle: »Multifunktionale Eventlocation Kachelhaus«

Saugpumpen beförderten das Getreide aus dem Keller in den fünften Stock zur »Vorputze«. Hier wurde gar ein magnetischer Check durchgeführt, damit keine Metallteile in der Ladung die empfindlichen Anlagen beschädigen konnten. Aber vor allem filterten hier feine Lamellen gesunde Körner gleicher Größe und Form heraus. Nur so lässt sich die Feuchtigkeit der Körner kontrollieren. Nach der Vorputze werden sie alsbald in die »Keimruhe« versetzt. Die Mälzerei ist schon seit 1996 nicht mehr in Betrieb, weswegen hier oben eine quasi keimfreie Ruhe eingekehrt ist: Bröckelnder Putz und Taubenkot werfen sich gleichsam auf den staubigen Boden.

Die Ruhestätte der gefilterten Körner waren zwölf immense Silos, die wir gleich nebenan besichtigen. Sie messen mehrere Meter im Durchmesser und sind schwindelerregende 17 Meter tief. »Die Befüllungsanlage der Silos ist später mal erneuert worden«, erklärt Kristina Petrow. »Aber die Beschilderung mit den Fülldaten in altdeutschen Lettern ist noch immer die gleiche aus den 1920er-Jahren.« Mit der Taschenlampe gelingt es soeben, den Grund der Silos zu erleuchten.

Gerstentrocknung: Diese Darrhorde liegt gleich über der Darrsau

Nach der Ruhe kommt das »Weichhaus«. In sieben runden Stahlbassins wurden die Körner aus dem Winterschlaf geholt und 72 Stunden eingeweicht. »Diese ›Weichen‹ sind auch schon Nachkriegsmodelle«, weiß die Leiterin der Körnerexkursion. »Es gab hier Bombenschäden, und auch die Russen haben nach dem Krieg viele Anlagen aus der Mälzerei geräumt. Aber die Behälter und die Kacheln sind noch original.« Ein schöner industrieromantischer Ort, den gelegentlich Fotoshootings zu nutzen wissen. Sogar »Voice of Germany« soll sich schon im Weichhaus einquartiert haben.

Bleifrei und heraus geputzt, ausgeruht und durchgeweicht, kamen die Körner schließlich auf die »Tenne«. Unter dem Licht der grellen Neonröhren entdecken wir die rudimentären Reste der alten »Tennenwender«. Denn hier hatten die Körner unter strenger Aufsicht des Malzmeisters zu keimen. Die riesigen Körnerschieber hatten die Aufgabe, die Körner dabei ständig zu wenden, damit sich die Keime nicht ineinander verhakten. »Die korrekte Keimung war ganz wichtig, damit aus der Stärke des Getreidekorns Zucker entstehen konnte. Denn daraus entwickelt die Hefe später den Alkohol im Bier.«

Haben die Körner die richtige Keimung erreicht, kommen sie in die »Darre«, wieder einmal große Hallen, hier nun mit einem feinen Siebboden. Wir betreten die Heißluftkammer unter der Darre und laufen über den Schrot, den man 1996 nach der letzten Mälzung nicht mehr weggekehrt hat. Befeuert von unten liegenden Brennöfen sammelte sich hier Heißluft zum Trocknen des gekeimten Getreides. Wieder musste der Malzmeister genau hinsehen und ständig die Thermometer kontrollieren. Denn helles Bier lässt sich nur mit Malz brauen, das bei bis zu 90 Grad getrocknet wird. Wird es nur kurze Zeit heißer, färben sich die Körner bräunlich, wie auch später das Bier. Und will der Meister wiederum für ein Dunkles mälzen, braucht er entsprechend hohe Temperaturen.

Und genau dieses Ausbalancieren der Heißluft machte eine effektive Entlüftung erforderlich. Dazu öffnete der Mälzer bei Überhitzung die Lüftungsklappen zum Schornstein. Damit überheiße Luft schnell entweichen konnte, musste man im Kamin einen Sog erzeugen. Dieses ingenieurtechnische Meisterstück wurde letztlich ein drehbares Bauelement aus Metall, das irgendwie die Form eines Ritterhelms mit seltsam platzierter Lanze bekommen hat. Mälzen ist die Kunst der Luftführung.

Die alte Schultheiss-Mälzerei in Tempelhof

Zum Ende der Entdeckungsreise in die Welt der gemälzten Körner geht es vorbei an großen Ventilen, stillgelegten Aufzügen und einer beeindruckenden Kabelwand, um schließlich vor einer möbelwagengroßen Schalttafel zu verharren. Es ist das zentrale Kontrollzentrum aller Prozesse in der Mälzerei, der ideale Ort für Kristina Petrow, noch einmal knapp den wundersamen Weg des Braugetreides von der Anlieferung bis zur Auslieferung zu resümieren. Welch eine Reise!

Der Leser verzeihe die vielen skurrilen Begriffe aus der brautechnischen Körnerwelt. Zum Trost: Etliche Fachtermini sind hier von vornherein ausgespart, der »Bechergurt« und die »Malzrutsche« ebenso wie die »Obere Horde« und die »Untere Sau«. Aber zwischen den Zeilen liegt eine großartige Zeit- und Getreidereise im Zeichen des Biers. Alles Weitere werden die Berliner Braumeister an anderer Stelle erzählen.

STECKBRIEF

Malzfabrik

IGG Malzfabrik mbH
Bessemerstraße 2–14
12103 Berlin
Tel. 030 - 755 12 48 00
info@malzfabrik.de

Malzreise
Freitags um 13:45 Uhr, Führung auf Deutsch, ca. 60–90 Minuten, 6–15 Personen, Anmeldung empfohlen, Kosten: 7/5 Euro

Schloßplatzbrauerei Coepenick
Köpenick / Schlossplatz

Achim Rubbert: Braurezepte aus den Staatsarchiven

Der gläserne Pavillon der »kleinsten Brauerei Deutschlands« liegt zwischen Schloss Köpenick, Luisenhain und der Köpenicker Altstadt, an Markttagen zwischen »Koch's Käsestand'l« und der Gulaschkanone vom »Köpenicker Kanonenfutter«, wo vormittags unter schwarz-rot-goldener Flagge gerne schon ein Fläschchen Rotkäppchen entlüftet wird. Es ist durch und durch dörflich. Vor dem Brauhaus stehen Tische mit kleinen Zierpaprikas. Um die Ecke ruckelt die Straßenbahn 27. Ein Veranstalter lädt zu »Tanztee« und »Havanna Night.«

»Als wir vor zehn Jahren diesen Pavillon entdeckten, war darin nur eine einfache Warenausstellung der großen Wäscherei Spindlersfeld«, erinnert sich Brauer Achim Rubbert an einen der »Zufälle der Lebens«. Heute ist der Glaskasten auf dem Schlossplatz seine Mini-Brauerei. Erstaunlich wie Rubbert auf zwei Quadratmetern – in Ziffern: 2 – eine Sudanlage betreibt, mit der er sieben verschiedene Biere braut, fünf davon sind ständig am Zapfhahn. Erstaunlich ist auch sein weiter Weg zum Brauerglück.

Denn eigentlich ist Achim Rubbert Ingenieur für chemischen Anlagenbau, zwar technisch gar nicht mal so brauereifremd, aber doch eine Qualifikation für besondere Aufgaben. »Ich war in der DDR zuständig für den Import von Zellstoffen für die Papierindustrie«, erzählt Rubbert. In den 1970er-Jahren – »ich hatte einen grünen Pass« – ist er sogar längere Zeit in einem russischen Zellstoffwerk in Leningrad. Doch noch vor dem Mauerfall bricht die ostdeutsche Zellstoffindustrie zusammen, und Rubbert verlässt das sinkende Papierschiff.

»Ich wollte mir einen alten Traum erfüllen«, strahlt Rubbert im Moment der Erinnerung. »Flieder. Ich wollte Flieder züchten.« In Brandenburg macht Rubbert eine Gärtnerausbildung und wird Spezialist für Fliedertreiberei. »Ich habe es tatsächlich geschafft, weißen Flieder in einem fließenden Bach zu züchten«, sagt er. Nach der Wende werden westeuropäische Unternehmen auf ihn aufmerksam. Leider nicht wegen des Flieders, sondern wegen seiner Zellstoff-Expertise. »Ich war halt für die

Achim Rubbert: »Ich wollte Flieder züchten«

Westdeutschen, Österreicher und Schweizer eine very interesting person, aber ich war mittlerweile etwas müde geworden.«

Zufällig stehen Achim und seine Frau Astrid Rubbert eines Tages auf dem Köpenicker Schlossplatz vor dieser seltsam anmutenden Wäscheausstellung hinter Glas. »Achim, wat soll'n dat hier werden? Ne Brauerei?« Achim Rubbert hat diesen Moment offenbar als einen der hellsten im Leben seiner Frau archiviert, ohne den Wortlaut hier zu verraten.
»... Bürgerbräu hatte auch gerade zugemacht. Das war ne Idee.« Über einen Bekannten bekommt Rubbert Kontakt zu einem Brau-Kleinanlagen-Hersteller im österreichischen Pottenstein. »Da bin ich gleich hingefahren. Der Hersteller hat mir gezeigt, wie es geht. Ich dachte ja, die sechs, sieben Schritte zum Bierbrauen sollst du ja wohl hinkriegen. Beim Zellstoff sind es leicht 200 Schritte.« Am Ende ist es dann doch komplizierter. Aber die Anlage geht 2004 in die Hausbier-Produktion im einstigen Wäschepavillon.

»Zufälle prägen das Leben«, ist einer der Lieblingssätze des »produktiven Rentners« Achim Rubbert, der jetzt in Heimstudien immer tiefer in die antike Braugeschichte vorstößt. »An der S-Bahn sah ich dann ein Plakat ›Babylonische Tage‹, eine Veranstaltung von der vorderasiatischen Gesellschaft.« Spätestens jetzt ist Rubbert angefixt und taucht ein in die jahrtausendealte Braugeschichte des Orients. Es gelingt ihm, die archäologisch nachgewiesene ›Emmer Braugerste‹ der Babylonier zu beziehen, »und damit mache ich seither mein Babylonisches Bier.« Lässt man das von Rubbert geliebte Kirschnektar-Chili-Mischbier einmal außen vor, so ist das Babylonische sein erstes eigenes Bier.

Zufall, die Dritte: Am nahen Luisenhain direkt am Wasser, so erfährt Rubbert, lag einst die ehemalige Brauerei des Kurfürsten von Brandenburg. Rubbert recherchiert. Er sucht jetzt die Rezeptur des Kurfürsten. In Kirchenarchiven findet er zunächst dessen Eheurkunde von 1721. »Dann dachte ich, du musst über die Rohstoffe gehen«, erzählt der biergeschichtliche Brauer. Rubbert fährt nach Dahlem ins Geheime Staatsarchiv. Zusammen mit dem Archivar stößt er auf Unterlagen zu Rohstoffeinkäufen des Kurfürsten. Einige Kornscheffel hiervon, einige davon. »Doch die Namen der Getreide sagten mir nichts.« Dafür gibt es ja Fachleute. Bei dem großen Malzhändler Weyermann entschlüsselt man ihm die Zutaten des Kurfürsten. Weyermann kann Rubbert sogar das spezielle Rauchmalz des preußischen Regenten herstellen. Der Hopfenhändler Tettnang kann auch noch den fast verschwundenen »Alten Landhopfen« liefern. »Jetzt fehlte mir nur noch die Kubatur.« Im Staatsarchiv Brandenburg findet Rubbert alte Kaufverträge mit detaillierten Bestellungen von Koch- und Braubehältnissen. Mit deren Größe erschließt sich ihm die Rezeptur. Und so zieren stolze Flaggen seinen Köpenicker Braupavillon mit der Verkündung: »Köpenicker Moll – Preußisches Schankbier gebraut nach der Originalrezeptur (die mir vorliegt) des Kurfürsten von Brandenburg von 1752«.

Der Bierhistoriker unter den Berliner Brauern hofft, dass sein Sohn ihm demnächst in die Geschichte der alten Rezepturen folgt. Der macht gerade eine Ausbildung zum Brauer in Berlin. »Aber mein Sohn muss selbst entscheiden, wo und was er brauen will. Ich habe damals auch niemanden gefragt, als ich nach Russland ging.«

Rubberts jüngste Retro-Bierkreation ist das »Mittelalterliche Bier«. Zufällig, wie sonst, stößt Achim Rubbert bei einem Aufenthalt in der Reha-Klinik auf die Spur. Nach drei Jahren Recherche, unter anderem in den Botanischen Fakultäten von Potsdam und Berlin, hat er heute erste Ergebnisse am Fass. »Na ja, das Mittelalterliche ist noch nicht ganz rund«, gesteht Rubbert weiteren Recherchebedarf. »Es ist noch sehr apothekisch, mehr eine Medizin als ein Bier.« Das stimmt, doch immerhin ist es nicht verschreibungspflichtig.

STECKBRIEF

Schloßplatzbrauerei Coepenick

Grünstraße 24
12555 Berlin
Tel. 030 - 42 09 68 76, 030 - 674 70 15
Tram 27/60/61/62/67/68 Schloßplatz Köpenick

Öffnungszeiten
Im Sommer: täglich 12–24 Uhr
Im Winter: Mo/Mi/Fr/Sa 15–24, Di/Do/So 12–24 Uhr

Die Brauerei
Gasthausbrauerei seit 2004

Der Brauer
Achim Rubbert
Historischer Brauer
geboren 1948 in Bad Saarow/Brandenburg
In Berlin seit 1949

Seine Biere
Helles, Dunkles, Babylonisches, Kurfürsten-Moll, Mittelalterliches, Ale

Seine Lieblingsbiere
Sein Kirsch-Chili-Bier-Mixgetränk. Ansonsten gerne eine Potsdamer Stange von Brauer Jörg Kirchhoff

Das alte Sudhaus am Müggelsee

Bürgerbräu beeindruckt mit Geschichte, Museum und Rotkehlchen

Erst vor wenigen Jahren verleibte sich der Milliardenkonzern Dr. Oetker das letzte mittelständische Brauunternehmen Berlins ein. Am 10. März 2010 kaufte Oetkers Radeberger Gruppe die Marken, die Rezepturen und die Kundendatei der Berliner Bürgerbräu GmbH, um die Brauerei selbst umgehend zu schließen. Seither sieden Bürgerbräu Pils und Bürgerbräu Rotkehlchen unter Oetker-Regie in der Großanlage in Hohenschönhausen.

Am romantischen Ufer der Müggelspree in Berlin-Friedrichshagen, direkt vor ihrer Mündung in den Müggelsee, bleibt eine Brauerei mit einer bewegenden Geschichte und einer beeindruckenden Ausstellung zurück. Historische Dokumente beschreiben ein »Brau- und Backhaus« auf dem einstigen Gehöft an eben dieser Stelle. »Das damalige Bräustübl besaß bereits Schank-, Krug- und Mahlrechte«, erzählt Tina Häring, die Tochter des letzten Braumeisters und heutigen Eigentümers der Bürgerbräu-Gebäude. Eine regelrechte Brauerei gründete der Weimarer Hermann Schäfer im Jahr 1869. Seine »Linden-Brauerei« benannten spätere Besitzer in »Brauerei Müggelschlößchen« um. 1901 stand es zum Verkauf.

Erstmals in der Geschichte Berlins entstand nun eine Genossenschaftsbrauerei, gegründet von 131 Mitgliedern der »Einkaufsgenossenschaft des Verbandes der Gast- und Schankwirte in Berlin und Umgebung«. Die Genossen vervielfachten den Bierausstoß bis zum Ersten Weltkrieg auf rund 140 000 Hektoliter. Den Krieg überlebte ihr Geschäft durch die Übernahme anderenorts stillgelegter Braukontingente. Ein verheerender Großbrand legte die Brauerei an der Müggelspree 1926 nahezu in Schutt und Asche.

Mittlerweile 1 656 Genossen bauten die Brauerei wieder auf. Doch diese Auferstehung aus Brandruinen wurde von den Nazis absorbiert. Sie zerschlugen die Genossenschaft und machten Bürgerbräu bis Kriegsende zu einem »nationalsozialistischen Musterbetrieb«.

Berliner Bürgerbräu in bester Wasserlage an der Müggelspree

Mit der Gründung der DDR 1949 wurde Bürgerbräu zum Volkseigenen Betrieb. Seine Blütezeit erreichte die Bierproduktion in den 1970er- und 1980er-Jahren als VEB Getränkekombinat, Exportbierbrauerei Berliner Bürgerbräu. Der Bierexport vom Müggelsee war ein beträchtlicher Devisenbringer für die DDR. Denn bei Bürgerbräu ließen westdeutsche Großbrauereien Exportbiere für Europa und Übersee brauen. In Tanklastzügen ging das Ost-Bier zur Flaschenabfüllung in den Westen und von dort weiter in alle Welt. Das Geschäft boomte derart, dass das Getränkekombinat noch 1985 eine für ihre Zeit hochmoderne neue Brauerei auf dem Gelände errichtete, während der eigene Hausausschank damals geringfügig war. Export war aber schon früher ein Segment an der Müggelspree: Uralte, dunkle Deckengemälde in dem prächtigen Gasthaus »Bräustübl«, direkt vor den Toren der Brauerei, künden noch heute vom Bürgerbräu-Export in die »Wüste« und nach »Japan«, zu den »Türken« und »Indianern«.

Nach der Wende wird Bürgerbräu glücklicherweise aus dem großen Kombinat ausgegliedert. Paul Häring, ein beherzter Braumeister einer enthusiastischen Familie mit langer Biertradition im Bayrischen Wald, erwirbt die Bürgerbräu-Anlagen von der Treuhand. Die Härings führen die Brauerei weiter. Sie beleben dabei das alte Traditionsbier Rotkehlchen wieder. Paul Häring braut sogar für das KaDeWe ein exklusives Premium-Pilsener. Nach der schweren Wirtschaftskrise von 2008, verschärft durch die explodierenden Malzpreise in Folge des E10-Treibstoff-Anbaus, und aus gesundheitlichen Problemen geben die Härings jedoch 2010 auf und verkaufen an Dr. Oetker. »Es gab viele Interessenten an unserem Kundenstamm«, erzählt Tina Häring, »aber wir wollten, dass zumindest unser Bürgerbräu irgendwo anders weitergebraut wird.« Durchaus eine Rettungstat, denn Bürgerbräus Rotkehlchen ist sicher das vollmundigste und charakterstärkste Bier, das die Radeberger Gruppe in Berlin herstellt.

Tina Häring ist es auch, die heute Gruppen durch ihre historischen Brauanlagen führt. Die anderthalbstündige Exkursion beginnt im kleinen Ufer-Biergarten vis-à-vis einer bewaldeten Landzunge, unter der sich noch die antiken, heute weitgehend verschütteten Eislager der Brauerei befinden. Weiter geht es in das alte Sudhaus aus den 1920er-Jahren. Vier immense, echte Kupferkessel dominieren hier das gekachelte Kesselhaus, das schönste Sudhaus Berlins. Die Geräte, Ventile und Leitungen, die Schriften, Schalter und Riegel lassen einen eintauchen in eine Brauwelt von vor bald 100 Jahren.

Einen Zeitsprung erlebt man anschließend in den 1985 in Betrieb genommenen DDR-Anlagen. Unglaubliche Labyrinthe von Rohren zwängen sich durch die engen Gänge. Erschlagende Nüchternheit großer, grauer Kessel im neuen Sudhaus und eine Schaltanlage wie in einem Atomkraftwerk der 1960er-Jahre. All das wirkt irgendwie unwirklich, als sei die Brauerei am 9. November 1989 spontan verlassen worden. Dabei brauten die Härings hier noch 20 Jahre weiter.

Im letzten Teil führt Frau Häring in ein echtes Brauerei-Museum. Alles, was ihr Vater über Jahrzehnte in bayrischen und österreichischen Brauereien vor dem Verschrotten retten konnte, stellt die Familie heute in den alten Bürgerbräu-Hallen aus. Absolute Raritäten wie eine riemenbetriebene Flaschen-Waschanlage sind ebenso zu bewundern wie eine liegende Flaschen-Etikettiermaschine und eine kleine Böttcherei. Daneben alte Fässer, Schmiedewerkzeug und sogar zwei alte Eisschlitten, mit denen einst das Eis von den Alpenseen in den Eiskeller der Brauerei gebracht wurde.

Das prächtige Sudhaus von Bürgerbräu

Zugegeben, weit abgelegen in einem geografischen Zipfel hinter Köpenick, doch brauhistorisch überraschend, in wunderschöner Umgebung mit hohem Freizeitwert und in bester Wasserlage, befindet sich ein familiengeführtes und kurioses Brauerei-Museum mit Rotkehlchen am Fass.

Vielen wurde die Brauerei 2013 bekannt, als Sven Regener und Leander Haußmann ihre trashige Kinokomödie »Hai-Alarm am Müggelsee« herausbrachten. Die Uraufführung fand am 14. März in der Kulturbrauerei am Prenzlauer Berg statt. Das Film-Bier, das den Hai aus dem See vertreiben sollte, wurde im Film bei Bürgerbräu gebraut, von deren Anlage der Zuschauer hier einiges zu sehen bekommt. Die Kinder der Familie Häring spielten gar noch als Komparsen mit.

Die Zukunft von Bürgerbräu hält aber noch eine nicht-fiktive Vision bereit. Familie Häring hat 2010 zwar »Berliner Bürgerbräu« an die Radeberger Gruppe verkauft, nicht aber die Braurechte an diesem historischen Ort. Auch wenn der über 80-jährige Paul Häring aus Altersgründen hier keinen Sud mehr fahren mag, so könnte es in Zukunft sein ebenfalls brauender Sohn oder ein anderer Brauer in Berlin tun.

»Wir bräuchten dazu eine andere, kleinere Brauanlage, aber es ist unser Traum, hier wieder zu brauen«, erzählt Tina Häring. »Das Bier soll dann Köpenicker Bürgerbräu heißen.«

STECKBRIEF

Berliner Bürgerbräu

Müggelseedamm 164
12587 Berlin
Kontakt: Tina Häring
Tel. 0177 - 640 82 20
S3 Friedrichshagen und weiter mit der Tram 60 oder 61
bis Müggelseedamm/Bölschestraße

Restaurant Bräustübl
www.braeustuebl-mueggelsee.de
Tel. 030 - 37 44 67 69
täglich 11–24 Uhr geöffnet

Führungen
von April bis Oktober bislang nur für Gruppen ab 15 Personen nach Voranmeldung. Kosten: 12,50 Euro/Person inkl. kleiner Degustation und einer »Zugabe«

Brauhaus Bohnsdorf
Bohnsdorf / Sausenberger Straße

Mathias Respondek: Erlebnisgastronomie mit Hermaphrodit

Man denkt nicht mehr an Metropole, wenn man am S-Bahnhof Grünau in einen knallgelben Mercedes-Sprinter von der BVG, Linie 363, steigt. Die Fahrerin mit Ziel »Krankenhaus Hedwigshöhe« im Ortsteil Bohnsdorf chauffiert ansonsten eine gute Handvoll älterer Damen routiniert und zielbewusst die immer länger werdende Buntzelstraße entlang. Doch kurz vor der Landesgrenze, kurz vor einem berühmt-berüchtigten Bauvorhaben, nur wenige Hundert Meter vor einem geplanten »BBI Business Park Berlin«, stoppt der Minibus an der Sausenberger Straße. Ganz allein für mich. Bohnsdorf. Ortslage Falkenhorst. Die Straße ist leer. Keine Deckung. Ich denke an einen Roadmovie, dem das Geld ausgegangen ist. In einem Vorgarten die Flagge des Deutschen Fußball-Bunds. Etwas weiter das örtliche Bestattungsunternehmen. Und gegenüber finde ich sie, die abgelegenste Brauerei der Hauptstadt: Brauhaus Bohnsdorf.

Der Brauerei-Gründer ist eigentlich Architekt und Bauleiter. Er stammt aus Oberschlesien, macht aber schon als Kind zu Zeiten des Mauerbaus mit seinen Eltern rüber nach Berlin-Moabit. »Das mit dem Brauen hat sich so ergeben«, erzählt Mathias Respondek heute. Das Haus Buntzelstraße 89 hatte er selbst gebaut. Unten soll von Anfang an eine Gaststätte hinein, die er eigentlich sogar selbst führen will. »Aber das Herz machte Probleme.« Er kann es nicht selber stemmen. Doch mit den ersten Pächtern läuft es nicht gut. Aus der Not dreht Respondek an seinem Gastronomiekonzept. »Wir wollten der Konkurrenz zeigen, wo es lang geht. Wir wollten die Nummer eins in der Umgebung sein. Und dann dachten wir: Jetzt machen wir Erlebnisgastronomie!«

Mit den bohnsdorfweit berüchtigten Jungs von der »HAI Rockband«, ein Ensemble, das seit 1971 gitarrenstarke Gassenhauer covert, beginnt Mathias Respondek schließlich erste Brauexperimente im Keller seiner Gastronomie. Nebenbei besucht er auch noch einen Braukurs bei Thorsten Schoppe im Südstern und liest sich einiges an. Der Leadsänger von HAI übernimmt zeitweise die Kneipe unter dem Namen »Volkshaus«. Das läuft aber auch nicht so gut. Mit dem Schlagzeuger

Mathias Respondek: »Es soll auch Frauen ansprechen«

Eberhard »Spencer« Bunzel wiederum gelingt irgendwann eine Tüftler-Brauanlage, die selbst die kritischen Behörden abnehmen.

Nun gibt es in Bohnsdorf kein Halten mehr. Seit 2008 brauen die beiden, mittlerweile rund 500 Liter im Monat, Helles und Dunkles. Spencer Bunzel meint, eigentlich mache er heute die Brauarbeit. Aber er kann nicht immer. Gelegentlich gibt seine jung gebliebene Kapelle – »HAI-Rockband Berlin – 42 Jahre und noch kein bisschen HAIser« – auch Konzerte. Wenn nicht gerade im Brauhaus, dann lauscht man dem brauenden Drummer schon mal in der Waldgaststätte »Hanff's Ruh« im Doppelpack mit »Gerdchens Dampferdisco«. Tipp für durchgeknallte Berliner Nachtschwärmer: das Hanff liegt an der wenig befahrenen Rabindranath-Tagore-Straße nahe dem Bundes-Olympiastandpunkt der Ruderer.

Auf jeden Fall basteln der zurückgezogene Bauleiter und der Schlagzeuger, seines Zeichens gelernte Elektriker und Elektroniker, eine kuriose Brauanlage zusammen. Ein echtes Erlebnis. Ein geschlossenes System unter 1,6 bis 1,8 bar Druck, mit aufgeschlitzten und umgeschweißten Tanks, ein Maischebottich mit Umwälzpumpe und ein

Logo des Brauhauses: Zwitterwesen Hermaphrodit

ausgetüfteltes Kühlraumsystem mit vier Temperaturstufen inklusive Kältepuffer-Schleuse und ein Sudkessel, der im Winter mit seiner Abwärme die Bierbar heizt. Respondek und Bunzel verwirklichen sich in einer Welt aus Edelstahl, Kupfer und Rohren, aus Schaltern, Ventilen und Messgeräten. Im Keller köcheln die Kessel, und zum guten Ende hat Respondek mit dem jungen Ehepaar Balster auch noch nette Wirtsleute gefunden.

Ganz stolz ist Mathias Respondek auf das Logo seines Brauhauses. »Ich wollte ein spannendes Motiv haben, das dann zu einer großen Skulptur werden sollte«, erzählt der Brauer. »Aber ich sagte dem Künstler, komm' mir bloß nicht mit einer Dorfkirche! Oder mit so einem alten Mönch! Es soll auch Frauen ansprechen.« Kein Problem. Der Bohnsdorfer Bildhauer Erhardt Zeisiger liefert das Modell. Und der Holzbildhauer Marcel Leißner erschafft aus dem Stamm einer 300 Jahre alten Brandenburger Roteiche mit einer Kettensäge das Zwitterwesen Hermaphrodit aus der griechischen Mythologie – das gendertechnisch korrekte »Paar von Bohnsdorf« steht heute am kleinen Garten hinter dem Brauhaus.

Die Erlebnisgastronomie arbeitet bereits an Level zwei: Der Architekt und der Schlagzeuger schweißen dazu gerade eine Schnapsbrennerei zusammen. »Wir wollen bald Bierbrand und Whiskey herstellen«, strahlt Respondek vor seiner kleinen Destillationsapparatur. »Aber das ist noch nicht alles. Danach wollen wir eigenes Eis herstellen.« Ohne Frage: Bohnsdorf ist schon heute ein Erlebnis und das Brauhaus absolut HAI End. Und wenn das so weiter geht, muss sich die BVG hier mittelfristig noch was einfallen lassen.

STECKBRIEF

Brauhaus Bohnsdorf

Buntzelstraße 89
12526 Berlin Bohnsdorf
Tel. 030 - 676 79 13
www.brauhaus-bohnsdorf.com
Bus 363 Sausenberger Straße

Öffnungszeiten
Restaurant: Mi–Mo 12–23 Uhr
Bierbar: ab 17 Uhr, am Wochenende ab ca. 15 Uhr. Ende offen

Die Brauerei
Gasthausbrauerei seit 2008 mit Restaurant und Bierbar

Die Brauer
Mathias Respondek
geboren 1953 in Beuthen
in Berlin seit 1963

Eberhard »Spencer« Bunzel
geboren 1951 Wandersleben, Thüringen
in Berlin seit 1956

Ihre Biere
Bohnsdorfer Hell und Bohnsdorfer Dunkel

Ihre Lieblingsbiere
Beide lieben ihre Bohnsdorfer Biere, »... ansonsten gerne ein gutes Kellerbier vom Kulmbacher Mönchshof« (Respondek) »oder ein tschechisches Budweiser« (Bunzel).

Brauhaus in Spandau
Spandau / Altstadt

Michael Metscher: »Katastrophe! Hammer! Toll!«

Michael Metscher ist der älteste aktive Braumeister Berlins, ein Braumeister der alten Schule, ein Familienmensch mit bewegender Geschichte. »Meine Mutter sagte, Bier wird immer gebraut«, erzählt er bei einem Krug naturtrüben Havelbräus in seiner Faust. Gemütlich sitzt er in seinem lauschigen Biergarten an der nicht weniger trüben Havel.

»Früher gingste zu ner Brauerei und sagtest, ich will brauen. Dann konnteste gleich anfang'n.« Michael Metscher ist ein echter Berliner Junge aus Neukölln, der Heimstätte der einstigen Kindl-Brauerei. Doch seine Mutter, eine geschäftstüchtige Drogistin, hatte bessere Beziehungen zu Schultheiss. Und so beginnt Michael Metscher seine Lehre 1960 in der Schultheiss-Brauerei am Kreuzberg. Als Geselle arbeitete er anschließend bei Bärenpils in Schöneberg – »als Jungbrauer hatte ich viel Spaß« – und holte nebenbei die Mittlere Reife nach.

Sein Vater wiederum ist Räuchermeister und unterhält ein Geschäft in der Schwedenstraße im Wedding. »Aber mein Vater starb schon früh«, erzählt Metscher. »Da habe ich 1966 aufgehört zu brauen und den Laden meines Vaters ein paar Jahre weitergeführt.« So ist es durchaus üblich in den 1960er-Jahren, bevor Söhne alles andere wollten, als die Geschäfte ihrer Väter fortzuführen. Doch nicht weit von den geräucherten Fischen steigen süßlich-bittere Dämpfe aus den Schloten der Technischen Universität. »Dort habe ich dann in den Siebzigern Brauwesen und Getränketechnologie studiert.« Bei diesen Worten erleuchtet ein freudiger Glanz seine Augen. »Mit dem Diplom wurde ich sogar wissenschaftlicher Mitarbeiter an der Versuchsanstalt. Forschen zu Bier und Malz, das war toll. Die schönste Zeit meines Lebens!«

Doch ein zweites Mal reißt ihn die Familientreue aus seiner Brauerkarriere heraus, in den 1980er-Jahren. Als seine Mutter den von ihr geführten Geflügel- und Fischladen in Buckow nicht mehr betreiben kann, springt Michael Metscher auch hier ein. Dieses Engagement endet ohne seine Schuld in einem betriebswirtschaftlichen Fiasko. Diplom-Braumeister

Bürgerliches Brauhaus tief im Westen

Metscher erliegt als Fischhändler einem der größten Lebensmittelskandale seiner Zeit. Für den ehrlichen Händler war es jedoch vielmehr eine verheerende Medienkampagne. Unglaublich.

Was war geschehen? – Am 28. Juli 1987 präsentiert der heute legendäre und preisgekrönte Fernsehjournalist Klaus Bednarz in seinem WDR-Politmagazin »Monitor« eine Enthüllung über »Würmer im Fisch«. Der Fernsehnachweis von sogenannten Nematoden in rohem Speisefisch ruft eine Welle des Entsetzens in Deutschland hervor. Der Film führt zu einer für Fischhändler vernichtenden Ekel-Debatte in der gesamten deutschen Presse und zu Hysterie in der Bevölkerung. »Keiner kam mehr

Michael Metscher lässt ordentlich Dampf ab

in meinen Laden. Ich fühlte mich wie ein Leprakranker«, erinnert sich Michael Metscher. Damals werden große Teile einer ganzen Lebensmittelbranche auf Jahre zerschlagen. »Ich war pleite, musste verkaufen und bekam doch fast nichts mehr für den Laden in Buckow«, jeglicher Glanz ist aus seinem Gesicht verschwunden. »Das war der Tiefpunkt meines Lebens.«

Vielleicht war der Fischskandal auch das Zeichen, das Michael Metscher zurück zu seinen Kesseln brachte, zum Brauen. Zunächst arbeitete er als Büfettier im Brauhaus Aschinger. Dann, Ende 1987, beteiligte er sich an der Eröffnung der Gasthausbrauerei Luisen-Bräu in Charlottenburg, wo heute sein Kollege Oliver Lemke braut. Der Traum eines florierenden eigenen Brauhauses erfüllt sich jedoch erst in den 1990er-Jahren in Spandau. Gemeinsam mit Freunden bietet man ihm dort in historischen Gemäuern eine verdreckte und verlassene Autowerkstatt an, um sie zu entkernen und dem Haus neues Leben und gutes Bier einzuhauchen. »Das Dingen hier war die totale Katastrophe! Hammer! Toll!« Am 22. Oktober 1994 fährt Michael Metscher hier seinen ersten Sud. Anstich für sein Spandauer Havelbräu ist am 2. Dezember 1994.

Das Brauhaus in Spandau ist heute ein großes bürgerliches Gasthaus am Rande der Hauptstadt, arrangiert um zwei imposante kupferfarbene Kessel des Sudhauses, zünftig eingerichtet, liebevoll umsorgt von Kellnern in Grün und Schwarz, die Herzhaftes wie Krustenbraten und Kesselgulasch servieren. Man liest hier die Berliner Morgenpost. Das ziegelrote Brauhaus mit kleinem Hotelbetrieb und weitem Biergarten liegt ganz nahe an der Havel, nur einen Steinwurf von der U7 entfernt, Bahnhof Altstadt Spandau.

Das Kesselhaus wurde bereits 1886 erbaut, jedoch nicht, um Hopfen und Malz zu verkochen, sondern um schmutzige Hosen und stinkige Socken zu waschen. Das Brauhaus in Spandau vor den Toren der Zitadelle ist die einstige Heeresdampfwäscherei der Garnison Spandau. Ein antiker Dampfkessel ist heute baulich in das Gebäude integriert wie das Exponat eines Industriemuseums.

Michael Metscher braut nun im Waschhaus, neben dem würzigen Havelbräu Lagerbier, wie jeden Monat, auch ein frisches Saisonbier. Der Juni ist dem Spandauer Landbier vorbehalten, ein bernsteinfarbenes, süffig-würziges Bier, das im WM-Sommer 2014 schlicht Rio heißt. »Ich bin aber nicht damit zufrieden«, verzieht Metscher die Lippen und rümpft die Nase. »Rio ist ein Versuch mit Hopfenstopfen. Doch das Bier ist mir zu schlank geraten.« Metscher, der gerne von »wir Brauer« spricht, ist auch mit 70 noch selbstkritisch und experimentierfreudig wie in besten Jungbrauerjahren. »Ich würde ja gerne viel mehr ausprobieren, aber die Spandauer wollen nicht. Selbst ein gut gemachtes Pils kommt hier nicht an. Zu bitter.« Aber Michael Metscher lässt nicht locker und braut manchmal Biere, die kein Mensch versteht, nicht in Spandau. Verschmitzt erzählt er: »Einmal habe ich hier ein Porter gebraut«, er spricht, als habe er seine Pappenheimer tüchtig reingelegt. »So ein Porter riecht immer etwas nach Pferdedecke. Aber ich habe den Geruch nicht ganz so intensiv gemacht, und es lief dann großartig in Spandau.« Jetzt lehnt er sich zufrieden zurück. »Das war ein wirklich interessantes Bier. Das beste, das ich je gebraut habe.«

STECKBRIEF

Brauhaus in Spandau

Neuendorfer Straße 1
13585 Berlin
Tel. 030 - 353 90 70
www.brauhaus-spandau.de
U7 Altstadt Spandau (100 m), S3/S75/DB Bahnhof Spandau (500 m)

Öffnungszeiten
April–Oktober: täglich ab 10 Uhr
November–März: täglich ab 11 Uhr,
außer Mo (16 Uhr) und So (10 Uhr)

Die Brauerei
Gasthausbrauerei seit 1994 mit Restaurant, Hotel, Biergarten, Braukursen, Bierseminaren, Bierreisen und Bierdeckel-Lotto am Montag sowie weiteren Veranstaltungen

Der Brauer
Michael Metscher
Dipl.-Brauingenieur
geboren 1944 in Berlin-Neukölln

Seine Biere
Spandauer Havelbräu, -Rotbier, -Märzen, -Schwarzes, -Maibock, -Landbier, -Dunkel, -Weihnachtsbier sowie ein Herbstbock und – haste Töne?! – auch ein Potz-Blitz-Bier, allesamt untergärig

Seine Lieblingsbiere
Spandauer Havelbräu und heimlich »mein Porter«

Historische Brauereien in anderen Stadtteilen

Die **Willner-Brauerei** in Pankow wurde 1880 von dem Bierverleger Emil Willner gegründet und wuchs bald zu einer der bedeutendsten Weißbierbrauereien Berlins (Berliner Straße 80–82, www.wbb-pankow.de). Von dem einst 9000 Quadratmeter umfassenden Brau-Areal stehen heute noch einige Gebäude vom Ende des 19. Jahrhunderts, u.a. die hauseigene Mälzerei. Die Stilllegung der Brauerei erfolgte erst 1990 unter den damaligen Besitzern Brau und Brunnen AG.

Heute befindet sich die in gelbem Backstein erbaute Brauerei unter Denkmalschutz und in Zwischennutzung bis 2022 durch den Träger WBB Willner-Brauerei-Berlin. Sie bietet Platz vor allem für Künstler und Kreative, aber auch für Events und Gastronomie. Beliebt ist – eine Hommage an den Gründer der Brauerei – Emils Biergarten. 2015 will der Berliner Weißbierbrauer Andreas Bogk, siehe Portrait Seite 116, seine zuletzt in Kreuzberg betriebene Brauerei bei Willner aufbauen.

Tipp: Führungen durch das historische Gebäude in den Sommermonaten und bei Sonderveranstaltungen, u.a. durch den Brauereihistoriker Karl-Heinz Pritzkow vom Verein für Brauereigeschichte Berlins e.V. (www.wwb-pankow.de, Preis: 8/5 Euro).

Die **Alte Schultheiss-Mälzerei** in Pankow ist 1881 von Richard Roesicke, ein erfolgreicher Sohn der Schultheiss-Dynastie, errichtet worden (Neue Schönholzer Straße). Das riesige Gelände, unweit der Willner Brauerei, mit der wunderschönen Malzfabrik verfügte einst über Weichen- und Kesselhäuser, eine Doppeldarre, eine Malztenne und eine Versuchsmälzerei, wie der Blogger SSWL schreibt und »nachdem 1902/03 das alte Malzfabrikhaus bis auf einige erhaltene Reste abgerissen wurde, entstand nun nach den Plänen des Architekten Ernst Tielebier eine moderne pneumatische Mälzerei, ein Pferdestall, zwei offene Verladehallen und eine Sackrutsche.« Ein Nürnberger Immobilieninvestor hat

Vergessene Brauerei Patzenhofer

dann zwischen 2008 und 2011 für 25 Millionen Euro daraus die »Hesperidenhöfe« und die »Floratürme« kreiert, ebenso »Minervasuiten« und die »Pomonagärten«. Im Dachgarten werden gelegentlich »Mälzereikonzerte« gegeben. Eine Top-Wohnadresse in Pankow. Von keiner Mietbremse aufzuhalten, aber für einen Sonntagsnachmittags-Spaziergang nicht zu verachten.

Die **Brauerei Georg Patzenhofer** bietet einen etwas traurigen Anblick (Landsberger Allee 54). Nicht, weil man auf der Rückseite noch Granateneinschläge aus dem Zweiten Weltkrieg sieht, sondern weil die Gebäude recht leb- und seelenlos vor sich hin bröseln. Ein paar Clubs, die sich angesiedelt hatten, sind wieder verschwunden. An das einstige »Kunsthaus« erinnern nur noch die Lettern »KUNST .AUS« am Zaun zur Landsberger Allee. Immerhin wird zwischen den gelbroten Backsteinmauern im Sommer ein Biergarten improvisiert. Das ehrenwerte Brauhaus, das noch im 19. Jahrhundert die weniger ehrenwerten deutschen Kolonien mit Berliner Bier versorgte und später in dem großen Schultheiss-Konzern aufging, hat heute jeglichen Glanz verloren. Offenbar weiß auch niemand, wie es mit dem Brau-Areal weitergehen soll. Niko Rollmann von unter-berlin e. V. sagt: »Die Patzenhofer Brauerei ist ein Symbol für Aufstieg und Niedergang der Berliner Brauindustrie«.

Das **Sudhaus Moabit** ist das imposanteste Gebäude der einst größten Brauerei Berlins. Bereits 1826 gründet Wilhelm Ludwig Crull, damals Direktor der Preußischen Seehandlung, an der Stromstraße 11 seine Brauerei und Mälzerei. Wurden die ursprünglichen Gebäude nach Crulls Tod auch wieder abgerissen, so ist das heute noch stehende, opulente, gelbe Backsteingebäude tatsächlich das originale Sudhaus von 1872, als die Actien-Brauerei-Gesellschaft Moabit die Braustätte übernahm. Die Denkmalbehörde des Berliner Senats preist daran »einen mittelalterlichen wehrhaften Burgenstil mit vorspringenden Ecktürmen, erkerartigen Türmchen, Giebeln und einem an Pechnasen erinnernden Bogenfries unter dem Dach. Die solide traditionelle und als typisch deutsch betrachtete Architektur sollte als Markenzeichen für die Qualität des hier gebrauten Bieres stehen«. Erst 1980, wenig überraschend zuletzt im Besitz von Schultheiss, wird der Braubetrieb an diesem Ort eingestellt.
Die von der Straße abgewandten Gebäudeteile des Areals sind nicht ganz so alt und befanden sich bis zuletzt in gewerblicher Mischnutzung. Nach jüngsten Plänen wird das denkmalgeschützte Areal zu einem großen Moabiter Einkaufszentrum umgebaut, nebst Platz für Freizeit, Kultur, Büros, Dienstleister und ein Hotel.
Im Sudhaus selbst spielte in den 1980er-Jahren eine Diskothek ihre Platten. Heute ist das bürgerliche Gasthaus »Sudhaus« eingezogen (www.sudhaus-berlin.de). Insbesondere die hohen Bogenfenster, die halbhohen Kachelwände und die antiken, teils umgebauten Kupferkessel bewahren dem Wirtshaus Flair vergangener Brauzeiten.

Die in den 1880er-Jahren gebaute **Brauerei Sternecker** in Weißensee liegt nicht zufällig in bester Wasserlage. Ihr Gründer Rudolf Sternecker hatte von Anbeginn die benachbarte Pferderennbahn als guten Standortfaktor für den Bierausschank und einen Vergnügungspark am See erkannt (Berliner Allee 121–125). Dank des Denkmalschutzes sind noch einige Gebäudeteile erhalten bzw. saniert. Ein Teil des Areals wurde von einer Immobiliengesellschaft gekauft, die es nun als »modernes Wohnensemble in Berlin-Weißensee« anpreist: »46 Eigentumswohnungen entstanden mit dem Charme des erhaltenen Denkmals und in einmaliger Lage: Direkt am Park Weißensee mit Parkklinik, vielen Grünflächen und idyllischer Wasserlandschaft …«

Brauerei Willner will bald wieder Weiße brauen

Gen Stadtrand Berlins finden sich weitere spannende Relikte der großen Berliner Braugeschichte. So steht am Müggelsee die erst 2010 stillgelegte Brauerei von **Berliner Bürgerbräu** in Friedrichshagen, heute ein schönes Brauereimuseum (Müggelseedamm 164–166). Siehe dazu die Exkursion auf Seite 163.

In Spandau steht in voller Pracht das gewaltige Sudhaus der 1876 gegründeten **Brauerei Emil Leue** an der Havel. Es wurde später ausgebaut von Schultheiss (Am Spandauer See/Brauereihof 19). Heute beherbergt es in bester Wasserlage die feine Seniorenresidenz »Uferpalais«.

Ein weiteres Seniorenheim befindet sich in baulichen Überresten des 1892 gegründeten **Brauhauses Hohenschönhausen**, das später von der Löwenbrauerei übernommen wurde (Konrad-Wolf-Straße 14). Die Direktionsvilla und Teile der alten Mälzerei sind noch erhalten.

In Schöneweide zerfällt derweil die alte **Brauerei Bärenquell**, die bei ihrer Gründung 1888 noch **Brauerei Borussia** hieß und schließlich 1994 unter Leitung des Henninger-Konzerns den Braubetrieb einstellte

(Schnellerstraße 137). Die Ruine ist ausführlich in Arno Spechts »Geisterstätten« beschrieben.

Nicht so weit draußen, aber ebenso geisterhaft ist das, was von der »Alten Brauerei« des **Böhmischen Brauhauses** in Friedrichshain übrig geblieben ist. Das große Areal der 1868 gegründeten und 1952 stillgelegten Brauerei beherbergte in DDR-Zeiten unterschiedliche Nutzer wie die »Sportgemeinschaft Empor Brandenburger Tor« mit ihrem Freizeitheim samt Sauna und Kegelbahnen oder das größte Weinlager der DDR. Nach der Wende wurden aus der Mälzerei Lofts, Büros und Restaurants. Andere Teile sind dem Verfall preisgegeben.

Natürlich gibt es noch mehr architektonische Relikte der Berliner Braugeschichte. Die bedeutendsten und einige außergewöhnliche Brauereien, die bis heute überlebt haben, stehen hier gegen das Vergessen und als Ideen für Spaziergänge und Besichtigungen.

Rohre und Ventile im alten Sudhaus von Bürgerbräu

Perspektiven – Der Blick über den Kesselrand

Stone Brewing Co. kommt nach Berlin

Am 19. Juli 2014 wurde in Berlin Braugeschichte geschrieben. Vor das rote Backsteinhaus eines stillgelegten Gaswerks in Berlin-Mariendorf tritt ein schmaler Mann mit langen Haaren, Rauschebart und schwarzen Sandalen und spricht zu den gut hundert geladenen Gästen auf ihren Klappstühlen:

»This is a historic moment for Stone. I've been wanting to say these next words for many years: Stone is coming to Europe. Stone is coming to Germany. And more specifically, Stone is coming to Berlin!«

Große Worte von Greg Koch, dem CEO und Mitgründer der Stone Brewing Co. aus Kalifornien. Sein Unternehmen ist eine der führenden und bestrenommierten Craft Bier-Brauereien der Welt. Seit 1996 mischen sie zusehends den Biermarkt in den USA mit charakterstarken, individuellen Bieren auf. Und an diesem sonnigen Juli-Abend legen sie ihren großen Stein auf Berliner Grund.

»However, we know we're on the right track for us. And it's that track that has led us here today – the future home of the Stone Brewing Co. and Stone Brewing World Bistro & Gardens Berlin!«

Die Amerikaner kündigen also an, 25 Millionen Euro an diesem Standort in Brauerei und Gastronomie zu investieren. Sie beziehen im Schatten des Gasometers Mariendorf mehrere Hallen von rund 6000 Quadratmetern Fläche sowie ein großes Außengelände. Die angekündigte »State-of-the-art-brewery« der Kalifornier wird zunächst ein 83-Hektoliter-Sudwerk bekommen und soll spätestens Anfang 2016 eröffnen.

Es wird sich zeigen, ob diese wohl größte Investition in den Craft Bier-Markt Europas auch die Szene der Mikrobrauer von Berlin zusätzlich befeuert, oder ob Stone ein marktbeherrschender Player wird, der viele Kleinbrauer in Preis und Marketing aussticht.

Berliner Bierfabrik auf der Überholspur

Die drei Studenten aus dem Wedding waren noch bis vor kurzem Kuckucksbrauer im Brauhaus Südstern. Mangels Eigenkapital besaßen sie mit ihrem Label beer4wedding keine eigene Braustätte.
2014 jedoch starteten sie fulminant durch: Sie gründeten zunächst die BBF Berliner Bierfabrik GmbH. Mit dieser mieteten die Studenten großzügige Räume in der Alten Börse Marzahn und installierten aus dem Nichts die vielleicht modernste Kleinbrauerei Berlins mit einer Kapazität von mehreren Tausend Hektolitern pro Jahr. Möglich wurde diese vergleichsweise große Investition offenbar durch die neuen Gesellschafter. Das Weddinger Trio vergrößerte sich nämlich zum Marzahner Sextett.

Die drei neuen Gesellschafter der Brauerei sind zwar nicht vom Braufach, aber dafür schillernde Persönlichkeiten der deutschen Wirtschaft: Rudolf Hetzel ist Gründer und Leiter der Helios Media GmbH, ein PR- und Lobby-Stratege, Verleger und Unternehmensgründer. ZEIT Online bezeichnet Hetzel 2012 als »einen der einflussreichsten Strippenzieher von Berlin«. Dazu hat Hetzel mit Torben Werner einen Vertrauten und Geschäftsführer der Helios Media GmbH ins Boot geholt. Der dritte neue

Stone Brewing kommt nach Berlin! Feierliche Grund-Stein-Legung im alten Gaswerk Mariendorf

Gesellschafter ist Hans Ulrich Helzer, Gründer und Geschäftsführer einer der größten deutschen Unternehmensberatungen, die ergo Unternehmenskommunikation GmbH & Co. KG mit Sitz in Köln.

Bierfabrikant Sebastian Mergel gründete 2014 parallel zum Umzug nach Marzahn die »Global Association of Craft Beer Brewers«, mit der er im Juli aus dem Stand das gewaltige »Global Craft Beer Festival Berlin 2014« an der Alten Börse Marzahn veranstaltete. Unterstützt wurde die Veranstaltung nicht nur von Rudolf Hetzel, sondern auch von Butterfly, eine Londoner Beratungsfirma, spezialisiert auf Markenstrategien, die u.a. Nestlé, SAB Miller und Carlsberg berät, aber auch ein Craft Bier-Label im kanadischen Vancouver. Butterflys Philosophie: »We create brands and products that connect emotionally with the consumers of global businesses«.

Die Leute von der Bierfabrik stellen sich noch breiter auf: Rudolf Hetzel ist gleichzeitig Förderer von »Bierlieb«, ein Craft Bier-Laden, Heimbrauer-Shop und »Brauakademie«, was von einem seiner besten Freunde in Friedrichshain betrieben wird.

Mittlerweile fließt das Bier von der Bierfabrik schon auf ersten Konzerten in Berlin, bislang eine sichere Domäne der Bierkonzerne.

Die Berliner Bierfabrik wird heute professionell beraten, imponierend unterstützt und sucht die globale Ausstrahlung. Ein ambitioniertes Start-up-Unternehmen rauscht durch die Berliner Bierszene. Für die Berliner Craft Bier-Brauer schafft das enorme Öffentlichkeit, internationale Beachtung und die Chance auf weiteres Wachstum – wenn am Ende alles gut geht.

Braukonzerne wollen auf den Zug aufspringen

Nach Jahrzehnten stetigen Rückgangs beim Bierkonsum der Deutschen dämmert den heimischen Braukonzernen allmählich, dass irgendetwas mit ihrem Bier nicht stimmen könnte. Nun erleben sie auch noch, wie in einer Nische ihres Gewerbes die Zahl der Brauer und der Bierausstoß stetig wachsen, nämlich beim Craft Bier und bei vielen kleinen Hausbrauereien. Nicht dass die Kleinbrauereien die Existenz der Hersteller von sogenannten Premium-, Fernseh- und anderen Massenbieren gefährden würden. Aber in dem kleinen wachsenden Marktsegment wollen immer mehr Konzerne zumindest einen Fuß in die Tür bekommen.

Die mächtige Radeberger Gruppe, Besitzerin aller Berliner Industriemarken, betreibt in Frankfurt am Main bereits seit 2010 die Internationale Brau-Manufacturen GmbH, die unter dem Label »BraufactuM« Bierspezialitäten herstellt. Köstritzer hat ebenso das Craft Bier entdeckt und braut in seiner Abteilung »Meisterwerke« jetzt Pale Ale und Witbier. Während viele Großbrauereien wie Beck's mit Biermixgetränken und lustigen Etiketten Aufmerksamkeit suchen, wagt Warsteiner sich mit seinem »Herb« immerhin mal an ein mutig gehopftes Bier mit stärkerer Bitterung heran. Auch Maisel und Schneider kreieren immer mehr Bierspezialitäten.

Das ist ein sich bundesweit abzeichnender Trend, der erst einmal zu begrüßen ist. Ob es den Konzernen letztlich mehr um die Imagepflege oder um die Bierkreationen geht, ob es ihnen eine Spielwiese oder Herzensangelegenheit ist, muss sich noch zeigen. Kleinbrauer sehen das zumeist selbstbewusst und ohne Angst, denn die Großbrauereien haben hier ein Glaubwürdigkeitsproblem.

Heimbrauer und Braumaschinen

Die Braukurse in Berlin sind meist rappelvoll, oft sogar Wochen vorher ausgebucht. Dort lernt man wichtige Grundlagen und die ersten Schritte für das private Brauen zu Hause. Mittlerweile gibt es in Berlin auch schon Läden, in denen man Zubehör und Zutaten zum Heimbrauen kaufen kann. Das Angebot im Internet lässt keine Wünsche übrig.

Wie viele Kursteilnehmer und Autodidakten tatsächlich Heimbrauer werden, ist schwer zu sagen. In den USA sollen es bereits eine Million Homebrewer sein. Dort ist es bereits üblich, dass für das beliebte Barbecue einer das Fleisch besorgt, und ein anderer macht das Bier. Wenn auch in viel kleinerer Dimension, deutet einiges darauf hin, dass ein ähnlicher Trend in Deutschland eingesetzt hat.

Skurril anmutend ist eine Erfindung aus Seattle, Washington State. Die kleine Firma PicoBrew hat jetzt eine Heimbraumaschine entwickelt, mit der jeder Depp, der Wasser und Hopfen unfallfrei in ein Gefäß geben kann, per Knopfdruck bis zu zehn Liter Bier in einem Brauvorgang herstellen kann. Ob dabei, wie versprochen, tatsächlich »own damn-good craft beer« herauskommt, darf bezweifelt werden. Die Freude am Brauen überlässt man hierbei dem kleinen Roboter. Der Begriff »Craft« – also

Sebastian Mergel und André Schleypen in ihrer Bierfabrik: »In Zukunft im Dreischichtsystem«

Handwerk – wird von PicoBrews Maschine zielstrebig ad absurdum geführt. Für die 1800 Dollar, die so ein Bierautomat kostet, kann man in den heimischen Craft Bier-Läden und -Kneipen schon eine ganze Weile genüsslich überleben.

Kommende Mikrobrauereien in Berlin

Irgendwann wird die Luft auch im schönsten Kesselhaus zu dünn. Aber noch ist Gründerstimmung in der Berliner Brauerwelt. Die alte **Bötzow-Brauerei** will neben Rollstuhlmanufaktur und Kreativfabrik künftig auch eine amerikanische Craft Bier-Brauerei ansiedeln. Die **Söhnel-Werft** in Kohlhasenbrück steht in fränkischer Brauereitradition und will in spe auf ihrem Gelände am Stadtrand ebenfalls eine Hausbrauerei errichten. Die traditionelle Brauerei **Bürgerbräu** am Müggelsee hat zwar die Markenrechte des Berliner Bürgerbräu an die Radeberger Gruppe verkauft, will aber in Zukunft als »Köpenicker Bürgerbräu« wieder Eigenes brauen. Und reuig hat das abtrünnige **Bären-Bräu** versprochen, ab 2015 wieder in Berlin zu brauen. Im Netz kursieren noch mehr Brauereivisionen für Berlin. Da geht also noch was.

Veranstaltungskalender rund um's Bier in Berlin

Tag des deutschen Bieres, 23.4.2015. Der werbewirksame Jahrestag des Reinheitsgebots – immer am 23. April – hat sich als ein bundesweiter Festtag der Traditionsbrauer durchgesetzt, mit zahlreichen Veranstaltungen rund um's Bier (www.brauer-bund.de).

Next Organic Berlin, 10.5.2015, Markthalle 9, Eisenbahnstraße 42/43, Kreuzberg. Stände, Verköstigung und Verkauf von »ökosozial zukunftsweisenden Produkten« in der Markthalle 9. Nach dem Bier-Schwerpunkt 2014 soll Bier auch künftig ein Thema bleiben (www.nextorganic-berlin.de).

Braufest Berlin, 14.–17.5.2015, RAW-Gelände, Revaler Straße 99, Friedrichshain. Seit 2013 präsentieren sich Craft Bier-Brauer und andere Biermanufakturen aus Berlin und aller Welt in Friedrichshain. Ersetzt das »Berlin Craft Beer Fest« (www.braufest-berlin.de).

Tausende Besucher auf dem Craft Beer-Festival im Mai 2014

Regelmäßige Bier-Verköstigungen bei Bierlieb und in der Berlin Beer Academy

Deutscher Brauertag Berlin, 11.6.2015. Lobbyveranstaltung und kühner Branchenevent mit Spitzen aus Politik und Wirtschaft; Verleihung des »DLG-Bundesehrenpreises für Bier« und Auszeichnung des jährlich wechselnden »Botschafters des Bieres«, amtierend 2014/2015 Cem Özdemir (www.brauer-bund.de).

Global Craft Beer Festival and Conference Berlin, 25.–26.7.2015, Alte Börse Marzahn, Beilsteiner Straße 51–85, Marzahn. Das erstmals 2014 von der im gleichen Jahr in Berlin gegründeten »Global Association of Craft Beer Brewers« (GACBB) organisierte Festival auf dem Gelände der Alten Börse Marzahn findet seine Fortsetzung (www.craftbeerbrewers.org).

International Berlin Beer Festival, 7.–9.8.2015, Karl-Marx-Allee, Friedrichshain, auf 2,2 km Länge zwischen Straußberger Platz und Frankfurter Tor. Das jährlich am ersten August-Wochenende stattfindende Bier-Großereignis ist zunehmend auch ein Ort, an dem sich Craft Bier-Brauer und andere Biermanufakturen präsentieren (www.bierfestival-berlin.de).

Internationale Fachtagung für die Brau- und Getränkewirtschaft, 5.–6.10.2015, Seestraße 13, Wedding. Der jährliche Kongress der Versuchs- und Lehranstalt für Brauerei in Berlin (VLB) e. V. richtet sich in erster Linie an Brautechniker und Fachpublikum (www.vlb-berlin.org).

Internationale Grüne Woche Berlin, 15.–24.1.2016, Messedamm 22, Charlottenburg. Die bereits 1926 gegründete Messe für Ernährungswirtschaft, Landwirtschaft und Gartenbau zeigt – jährlich im Januar – Konsumtrends für bewusste Ernährung und Genussmittel auf, zunehmend auch beim Bier (www.gruenewoche.de).

Regelmäßige Veranstaltungen (Auswahl):
Braukurse im Brauhaus Südstern (siehe Seite 27 und 31)
Braukurse bei Flessabräu (siehe Seite 56)
Braukurse beim Marzahner Börsenbräu (siehe Seite 144)
Braukurse und Vorträge im Brauhaus in Spandau (siehe Seite 172)
Bierseminare, Lesungen und Tastings in der Berlin Beer Academy (siehe Seite 61)
Braukurse und Tastings bei Bierlieb (siehe Seite 193)
Saisonbier-Anstich 20-mal im Jahr bei Eschenbräu (siehe Seite 122)

Es lohnt sich, für neue und aktuelle Veranstaltungen gelegentlich bei den Biermanufakturen und Bierakademien auf die Websites zu schauen.

Wenn Sie Neues entdecken oder erfahren, senden Sie uns gerne künftige Veranstaltungstermine für die nächste Auflage unseres Buchs. Vielen Dank!

Berliner Biergärten

Natürlich empfehlen sich in erster Linie die hauseigenen Biergärten der hier vorgestellten Berliner Gasthausbrauereien, nämlich **Brauhaus Südstern** an der Hasenheide, **Brauerei Zukunft** am Ostkreuz, **Brauhaus Lemke** am Hackeschen Markt, **Brauhaus Georgbraeu** am Spreeufer in Mitte, die **Pfefferbräu Bergbrauerei** am Senefelderplatz, **Eschenbräu** im tiefen Wedding, **Marzahner Börsenbräu** und die **Berliner Bierfabrik** am alten Magerviehhof von Marzahn, das **Brauhaus in Spandau** an der Havel und künftig auch die **Bogk-Bier Privatbrauerei** in Emils Biergarten in der historischen Willner Brauerei. Die weiteren Gasthausbrauer haben zumindest eine Außenterrasse.

Darüber hinaus meine ganz besonderen Biergarten-Empfehlungen in Berlin:

Prater Garten Berlin. Einer der ältesten noch erhaltenen Biergärten Berlins. Vermutlich 1852 eröffnet, gab es neben reichlich Bier und Speisen regelmäßig Volkskultur, Platzkonzerte und sogar Boxkämpfe im Freien, ergänzt um einen großen Festsaal. Zeitweise in Händen der Brauerei am Pfefferberg. 1996 wiedereröffnet. Grill- und kleine Gerichte. Prater Pils (Engelhardt) am Fass. 600 Plätze. April–September ab 12 Uhr. Kastanienallee 7–9, Prenzlauer Berg, www.pratergarten.de.

Café am Neuen See. Der versteckte Biergarten im Tiergarten. Sanfte Wasserlage, italienische und bayrische Spezialitäten sowie Steinofenpizza. Auf dem See je nach Saison Ruderbootverleih oder Eisstockschießen. Tegernseer am Fass. 1300 Plätze. Ganzjährig Mo–Fr ab 11, Sa–So ab 10 Uhr. Lichtensteinallee 2, Tiergarten, www.cafeamneuensee.de.

Schleusenkrug. Biergarten an der Fahrradstrecke am alten Schleusenhaus des Landwehrkanals, Tische teils direkt an der Tiergartenschleuse. Grillstation im Garten, Pfannkuchen, biologische Gerichte. U. a. Allgäuer Büble am Fass. Ca. 600 Plätze. Wintertags 11–18, Sa + So 10–19 Uhr, im Sommer (ab April) bis Mitternacht. Müller-Breslau-Straße 1, Nähe Zoo, Charlottenburg, www.schleusenkrug.de.

Der alte Biergarten auf dem Pfefferberg bei Nacht

Golgatha. Am Südhang des Kreuzbergs und des heutigen Viktoriaparks gelegen, nur einen Steinwurf von der alten Brauerei Schultheiss, Abteilung 2, entfernt. Lauschig-loungiger Biergarten oberhalb des alten Katzbachstadions mit Grillstation, Kuschelecken und im Gasthaus Tanz am Wochenende. Löwenbräu am Fass. Ca. 500 Plätze. April–September/Oktober 9 Uhr bis open end. Viktoriapark, Eingang Katzbachstraße, 200 m Fußweg, Kreuzberg, www.golgatha-berlin.de.

Lindwerder. Romantische Insel auf der Havel mit Bootsanleger. Biergarten direkt am Wasser. Bürgerliche Küche mit Wild-Spezialitäten. Warsteiner am Fass. Ca. 250 Plätze und erweiterbarer Garten für Veranstaltungen. April und Oktober: Fr–So, Mai–September: Mi–So jeweils ab 11.30 Uhr. Havelchaussee, übersetzen mit hauseigener Fähre, Insel Lindwerder, Grunewald, www.lindwerder.de.

Kastanie. Kleiner, heimeliger Biergarten an der begrünten und bei Boule-Spielern beliebten Schloßstraße, auch »Zur weißen Kastanie« genannt. Kiez-Kneipe seit 1973. Traditionell herzhafte, süddeutsche Küche. Nicht nur Kindl am Fass. 120 Plätze. Sommertags ab 10 Uhr. Schloßstraße 22, Charlottenburg, www.kastanie-berlin.de.

Eschenbräus Biergarten: 20 Anstiche im Jahr

Söhnel-Werft. Abgelegener Biergarten direkt am Ostende des Griebnitzsees, kurz vor der Grenze nach Brandenburg. Ausflugslokal in idyllischer Wasserlage. Internationale Küche, Garten-Grillstation. Pyraser Bierspezialitäten aus Franken am Fass. 300 Plätze. Bei Gartenwetter täglich ab 9.30 Uhr, Mo + Di aber nur bis 18 Uhr. Neue Kreisstraße 50, Kohlhasenbrück, www.soehnel-manufaktur.de.

Bergterrasse Marienhöhe. Verstecktes, romantisch umgarnendes Gartenlokal aus den 1950er-Jahren mit preiswerter deutscher Hausmannskost, Fassbrause, Kaffee im Kännchen und dem immer seltener werdenden Charlottenburger Engelhardt Pils am Fass. Der familiengeführte Biergarten ist einer der ländlichsten Flecken Berlins, Gartenidylle pur. Sommertags Sa + So ab 11, Mo–Do ab 12 Uhr, Fr Ruhetag. Marienhöher Weg 30 (Parkeingang gegenüber Nr. 25), Tempelhof/Marienfelde, www.bergterrasse-marienhoehe.de.

Adressen

Die Adressen der **22 Handwerksbrauereien in Berlin** finden sich in den Steckbriefen jeweils unter den Textbeiträgen. Weitere Adressen der Berliner Bier-Community sind:

Ambrosetti, Schillerstraße 103, 10625 Berlin, Tel. 030 - 312 47 26, www.ambrosetti.de. Bierspezialitäten-Händler mit über 600 Biersorten.

Berlin Beer Academy, Claire-Waldoff-Straße 4, 10117 Berlin, Tel. 030 – 31 17 60 81, www.berlinbeeracademy.de. Private Bier-Akademie der Bier-Sommelière Sylvia Kopp mit Seminaren, Verkostungen, Vorträgen und Publikationen. Siehe auch Interview auf Seite 61.

Berlinbetrachtungen, Fritschestraße 77, 10585 Berlin, Tel. 030 - 34 38 90 09, www.berlinbetrachtungen.de. Stadtführungen mit dem Bierbuch-Autor Peter Eichhorn, u. a. in die Industrie- und Braukultur.

Berlin Bier Shop, Kirchstraße 23, 10557 Berlin, Tel. 030 - 39 10 07 30, www.berlinbiershop.com. Einzelhändler mit weltweiten und Berliner Bierspezialitäten, gelegentlich »Open Bottle tastings«.

Berlin Craft Beer – www.berlincraftbeer.com. Unabhängiger, englischsprachiger Blog des »Craft Beer Center«, siehe unten.

Berliner Unterwelten e. V., Brunnenstraße 105, 13355 Berlin, Tel. 030 - 49 91 05 17, www.berliner-unterwelten.de. Erforschung, Dokumentation und Führungen, u. a. in die Kindl-Keller am Neuköllner Rollberg.

Bierlieb, Petersburger Straße 30, 10249 Berlin, Tel. 030 - 42 80 64 00, www.bierlieb.de. Shop mit internationalen und Berliner Bierspezialitäten, geordnet nach 20 führenden Bierstilen. Brauakademie, Tastings, Bierversuchsanlage, Heimbrauer-Bedarf.

Biermanufakturen.de. Die Website zu diesem Buch mit Pressestimmen, Kontakten und mit aktualisierten Veranstaltungshinweisen rund um das Bier in Berlin.

Braulotse – www.braulotse.de. Online-Portal für Brauer mit zahlreichen Informationen rund ums Bier und großem Community-Marktplatz für Brauanlagen und Zubehör.

Craft Beer Center, Grünberger Straße 87, 10245 Berlin, Tel. 0176 - 99 75 82 66 www.craftbeercenter.de. Craft Beer- und Home Brewer-Community, gegründet von dem irischen Craft Beer-Experten und Heimbrauer Rory Lawton.

Das Meisterstück, Hausvogteiplatz 3–4, 10117 Berlin, Tel. 030 - 55 87 25 62, www.dasmeisterstueck.de. Restaurant mit feiner Craft Bier-Karte.

Foersters Feine Biere, Bornstraße 20, 12163 Berlin, www.foerstersfeinebiere.de. Steglitzer Bierkneipe mit über 60 Bieren von Privat- und Craft Bier-Brauern.

Getränkefeinkost, Boxhagener Straße 24, 10245 Berlin, Tel. 030 - 25 93 38 00, www.getränkefeinkost.de. Getränkegroß- und Einzelhändler. Internationale Bierspezialitäten mit rund 100 Bier-Sorten.

Global Association of Craft Beer Brewers, Friedrichstraße 209, 10969 Berlin, 030 - 84 85 91 15, www.craftbeerbrewers.org. Junges Netzwerk von internationalen Handwerksbrauern. Kooperationen mit Berliner Bierfabrik und Bierlieb. Seit 2014 Veranstalter des jährlichen »Global Craft Bier Festival Berlin«.

Hobbybrauer – www.hobbybrauer.de. Breite Informationsplattform und Forum im Netz für Heim- und Hobbybrauer.

Hopfenhelden – www.hopfenhelden.de. Craft Beer Online Magazin aus Berlin, herausgegeben von der freien Journalistin Nina Anika Klotz. Mit Interviews, Porträts und Hintergrund zum Craft Beer.

Hopfenreich, Sorauer Straße 31, 10997 Berlin, Tel. 030 - 88 06 10 80, www.hopfenreich.de. Craft Bier-Kneipe im Kreuzberger Wrangelkiez mit zahlreichen Fassbieren, u. a. aus Berlin. Zugleich Craft Bier-Dienstleister »Hopfen & Malz« und Veranstalter vom »Braufest Berlin« (www.braufest-berlin.de).

Hopfen und Malz, Triftstraße 57, 13353 Berlin, Tel. 0176 - 34 40 94 78, www.hopfenmalz.de. Weddinger Spezialitätengeschäft mit großem Sortiment deutscher und internationaler Biere, vor allem von Privat- und Mikrobrauereien.

Hops Hysteria, Hamburg – www.hopshysteria.de. Blog und viele Beiträge, bebildert von dem passionierten Heimbrauer Klaas Twietmeyer.

Lieblingsbier – www.lieblingsbier.tumblr.com. Blog und umfangreiche Informationsseite des in Berlin lebenden Felix vom Endt, »Liebhaber und Kämpfer für gutes Bier« seit 2007.

Malzfabrik, Bessemerstraße 2–14, 12103 Berlin,
Tel. 030 - 755 12 48 00, www.malzfabrik.de. Führungen durch die historische Schultheiss-Mälzerei von Tempelhof, siehe auch Seite 154.

Mikrobrauer – www.mikrobrauer.com. Aktive Kartografie über Mikrobrauereien, Bierläden und Bierbars bundesweit, zurzeit noch in Beta-Version.

Spiritus Mundi, Nazarethkirchstraße 40, 13347 Berlin,
Tel. 030 - 60 96 27 77, www.spiritusmundi.de. Café, Feinkost, Weine und einige Craft Biere.

unter-berlin e. V., Postfach 040113, 10061 Berlin,
Tel. 030 - 31 01 73 73, www.unter-berlin.de. Historische Führungen in den Untergrund und Stadtrundfahrten mit Niko Rollmann, u. a. »Molle & Korn«, eine dreistündige Rundfahrt durch die Brauereigeschichte Berlins. Ferner brauereigeschichtliche Seminare.

Verein für Brauereigeschichte Berlins e. V., Kretzerstraße 7,
15370 Fredersdorf bei Berlin, E-Mail: mi.weidner@gmx.net.
Tel. 033439 - 774 79. Führungen, Vorträge und Freundeskreis von Berliner Brauereiexperten und -liebhabern.

Versuchs- und Lehranstalt für Brauerei in Berlin (VLB) e. V.
Seestraße 13, 13353 Berlin, Tel. 030 - 450 80, www.vlb-berlin.org. Brautechnisches Fachstudium zum Diplom-Braumeister. Studium der »Brauerei- und Getränketechnologie« mit Abschluss Bachelor of Science und Master. Kooperation mit der TU Berlin.

Kleiner Bierführer

Vereinfacht gesagt, entsteht Bier so: Im Sudhaus erhitzt der Brauer Wasser mit ausgewählten geschroteten Malzen in mehreren Stufen (Einmaischen). Die Flüssigkeit (Würze) wird vom absinkenden Treber getrennt (Läutern). Sie wird nun in mehreren Schritten in der Sudpfanne mit ausgewählten Bitter- und Aromahopfen verkocht und anschließend geklärt und abgekühlt. Jetzt wird die Stammwürze als Indikator des späteren Nährwerts und Alkoholgehalts des Biers ermittelt. Mit speziellen Hefen wird die Würze bei ca. 4–8 Grad Celsius (untergärig) oder bei 12–20 Grad Celsius (obergärig) vergoren, wobei Alkohol entsteht. Das Jungbier wird nun zur Reifung gelagert, wobei sich weiterer Alkohol und Kohlendioxid bilden und der Geschmack sich ausprägt. Industriebrauereien filtern das Bier vor dem Abfüllen zumeist.

Die verschiedenen Zutaten, die Brautemperaturen, die Prozesszeiten, Länge und Form der Lagerung, mögliches Filtern und abschließendes Erhitzen sowie besondere Verfahren lassen eine Fülle unterschiedlichster Biere entstehen. Hier sind einige der wichtigsten Bierarten und Bierstile mit einer groben Einordnung, welcher Alkoholgehalt in Volumenprozent (Vol.-%) zu erwarten ist.

Ale. Bezieht sich auf die Brauart und ist die internationale Bezeichnung für obergärige Biere. Biere untergäriger Brauart werden Lager genannt.

Alkoholfreies Bier. Bier nach Alkoholentzug und/oder gestoppter Gärung mit einem Alkoholgehalt von max. 0,5 Vol.-%.

Altbier. Obergärige, dunkle Biersorte, verbreitet zwischen Niederrhein und Düsseldorf.

Berliner Weiße. Obergäriges, hefetrübes und durch Milchsäuregärung samtig-saures Schankbier, original aus Berlin. 2,8–4 Vol.-%.

Bockbier. Starkbier, untergärig oder obergärig, hell oder dunkel. 6–8 Vol.-%.

Dunkles oder Bayrisch Dunkel. Von dunklen Malzen in Farbe und Geschmack geprägtes Vollbier. 4,5–6 Vol.-%.

Export. Helles Lager, etwas stärker eingebraut als ein Pils, ausgewogene Malz-Bittere-Balance. 4,8–6 Vol.-%.

Helles oder Münchner Helles. Helles Lager, das etwas mehr Malzsüße aufweist als ein Pils und weicher und cremiger mundet. 4,7–5,4 Vol.-%.

India Pale Ale, IPA. Extrem bitteres und extrem hopfenaromatisches, bernsteinfarbenes Ale. Die Ikone der Craft Bier-Bewegung. 5,5–7,5 Vol.-%.

Kölsch. Obergäriges helles, hopfenbetontes Vollbier aus Köln. 4,5–5,5 Vol.-%.

Lager. Bezeichnet die Brauart. Hier untergärig. Siehe »Ale«.

Pale Ale. Bernsteinfarbenes, obergäriges, hopfenbetontes Bier englischer Ale-Tradition. 4,5–5,5 Vol.-%.

Pils. Untergärig, blond, schlank und gradlinig. Hopfenbetont.
4,5–5 Vol.-%.

Porter. Obergäriges, röstaromatisches, tiefdunkles Bier englischer Tradition. 5–6,5 Vol.-%.

Rauchbier. Gebraut mit über offenem Feuer gedarrtem Malz. Nach Bamberger Tradition ein Bier untergäriger Brauart, meist ein Märzen. 5–6 Vol.-%.

Saison. Blondes bis bernsteinfarbenes Obergäriges aus der Wallonie, hefearomatisch mit trockener Textur und bisweilen ausgeprägter Bittere im Ausklang. Manchmal auch mit Gewürzen eingebraut. 5–8 Vol.-%.

Schankbier. Biere mit einer Stammwürze ab 7 und unter 11%.

Starkbier. Biere ab 6,5 Vol.-% mit einer Stammwürze ab 16%.

Stout. Tiefdunkles, obergäriges und röstaromatisches Bier mit variierendem Alkoholgehalt. 4–6 Vol.-% oder stärkere Varianten.

Trappistenbier. Herkunftsbezeichnung unterschiedlicher Bierstile, die in ausgewiesenen Trappistenklöstern gebraut wurden.

Vollbier. Biere mit einer Stammwürze von 11–16 %.

Weißbier, Weiße, Weizenbier, Hefeweizen. Obergäriges, hefetrübes Bier mit mehrheitlich Weizenmalz hergestellt. Gefiltert: Kristallweizen. Stammwürze 11–14%, 4,5–5,5 Vol.-%.

Zwickel. Untergärige, unfiltrierte Lagerbiere, die Bezeichnung verweist darauf, dass direkt aus dem Lagertank eingeschenkt wird. Stammwürze 11–12%, ca. 5 Vol.-%.

Literatur und Quellen

Literatur

Albrecht, Martin und Klinkenberg, Stefan: Die Brauerei Königstadt. Industriegeschichte in Berlin-Prenzlauer Berg. Berlin 2010.

Annemüller, Gerolf u. a.: Die Berliner Weiße. Ein Stück Berliner Geschichte. Berlin 2008.

Arnold, Ingmar und Richter, Michael: Unterirdisches Berlin. Kultur-Karte und Begleitheft. Berlin 2011.

Beef! Für Männer mit Geschmack. Bierausgabe-Spezial im Magazin 1/2014. Hamburg 2014.

Benninghoven, Arthur: Die Brauerei-Industrie Deutschlands und des Auslandes. Berlin 1900.

Berliner Unterwelten e. V.: Schattenwelten. Magazin des Vereins. Ausgaben 03/2013 und 04/2013. Berlin 2013.

Dienel, Hans-Liudger: Ingenieure zwischen Hochschule und Industrie, Kältetechnik in Deutschland und Amerika 1870–1930. Göttingen 1995.

Eichhorn, Peter: Von Ale bis Zwickel. Das ABC des Bieres. Berlin 2011.

Gidom, Henry: Berlin und seine Brauereien. Gesamtverzeichnis der Braustandorte von 1800 bis 1925. Band 1. Edition Berliner Unterwelten. Berlin 2012.

Glaser, Willi: Vom Handwerk zum Großbetrieb. Die KulturBrauerei in Prenzlauer Berg. Berlin 2001.

Kopp, Sylvia: Das Craft-Bier Buch. Die neue Braukultur. Berlin 2014.

Otto, Uwe (Hg.): Der Berliner Bierboykott von 1894. Ein Beitrag zur Geschichte der sozialen Klassenkämpfe. SPD-Sonderdruck. Berlin 1979.

Reinink, Wessel: Eiskeller. Kulturgeschichte alter Kühltechniken. Wien/Köln/Weimar 1995 (Originalausgabe Nieuwkoop/NL 1981).

Richter, Brigitta: Berliner Bier. Der Brauerei- und Kneipenführer. Berlin 1993.

Roth, Jürgen und Rudolf, Michael: Bier! Das Lexikon. Leipzig 1997.

Specht, Arno: Geisterstätten. Vergessene Orte in Berlin und Umgebung. 2. Auflage. Berlin 2012.

Stiftung Pfefferberg: Pfefferberg. Geschichte und Gegenwart einer ehemaligen Brauerei. Berlin 2011.

Sutcliffe, Peter: Arround Berlin in 80 Beers. Burwell/Cambridge/UK 2011.

Internet-Quellen

An Internetquellen wurden die in den Kapiteln angegebenen und die unter »Bier-Adressen« gelisteten Quellen verwendet sowie folgende weitere:

www.berlin.de
www.brooklynbrewery.com
www.bvg.de
www.craftbrewersconference.com
www.klosterbrauerei.com
www.kulturfuehrer-berlin.de
www.luise-berlin.de
www.mixology.eu
www.nytimes.com
www.pankower-allgemeine-zeitung.de
www.slowtravelberlin.com
www.sueddeutsche.de
www.tagesspiegel.de
www.taz.de
www.tgkehlert.de

Abbildungsnachweis

bpk: 103
Matthias Friel: 155, 156
Sören Hars: 37, 38
Rian Heller: 157
Peter Korneffel: Umschlag (hinten links), 8, 15, 16, 20, 28, 29, 32, 36, 47, 48, 49, 50, 52, 53, 57, 58, 62, 69, 73, 74, 80, 85, 86, 90, 91, 93, 97, 98, 99, 100, 104, 107, 112, 121, 123, 124, 129, 130, 135, 137, 138, 145, 146, 150, 160, 164, 166, 169, 170, 173, 174, 178, 181, 186, 188, 191, 192, 196, 198, 208
Kirsti Kriegel: Umschlag (vorn), 19 (Abbildung mit freundlicher Genehmigung von Hermann Waldenburg)
Markus Raupach: 79
Milena Schmitz: Umschlag (hinten rechts), 23, 24, 41, 42, 43
Klaas Twietmeyer: 183
Max-Marian Unger: 68, 75, 111, 117, 149, 180, 187

Register

Dank

Mein ganz großes Dankeschön gilt in erster Linie den Berliner Brauern und Gründern der Brauhäuser. Die Porträtierten standen nicht nur im Mittelpunkt meiner Recherchen. Sie haben mir ihre ganz persönlichen Geschichten erzählt, mir ihre Brauereien und Biere gezeigt, mich in ihre Geschäfte eingeweiht, mir ihre Visionen, Bedenken und Träume anvertraut. Sie sind mein Buch.

Für die spannenden Hintergrundstücke und Exkursionen in die Brauereigeschichte danke ich ferner Henry Gidom, Daniel Markovics und den Berliner Unterwelten e. V., Martina Häring und dem Bürgerbräu-Museum, Sylvia Kopp und der Berlin Beer Academy, Kristina Petrow und der Malzfabrik Tempelhof, Niko Rollmann und unter-berlin e. V., Holger Trabant und der Bierlieb-Brauakademie, Martin Albrecht, Michael Weidner und dem Verein für Brauereigeschichte Berlins e. V. sowie den vielen Wegbegleitern auf meiner bewegenden Reise zum Bier.

Ich danke Rebekka Göpfert und Almut Winter für ihre Beratung. Mein Verlag, der Cheflektor Diethelm Kaiser, meine exzellente Lektorin Lydia Fuchs und das großartige Team von Nicolai haben nie einen Zweifel an diesem Buch gehabt. Ich danke allen.

Und ich bedanke mich besonders bei Max-Marian Unger, der als Mitarbeiter in meinem Büro tatkräftig recherchiert, ausgewertet und fotografiert hat – und sogar ein Bier getrunken hat, etwas, das er ohne dieses Buch wohl niemals getan hätte.

Wir haben das Buch akribisch und beherzt recherchiert. Bei der Vielzahl von Daten und Infos können wir dennoch nicht ganz ausschließen, dass sich kleine Fehler eingeschlichen haben. Wir bitten um Verständnis. Auch die rasante Dynamik der Mikrobrauer-Bewegung wird Updates und Ergänzungen schon bald erforderlich machen. Wir bitten alle Leser herzlichst, uns Anregungen, Korrekturen, Ergänzungen und künftige Termine zukommen zu lassen, damit auch die nächste Auflage des Buches möglichst aktuell erscheinen wird.
Schreiben Sie mir unter info@biermanufakturen.de.
Auch dafür vielen Dank!

Der Autor

Peter Korneffel aus Münster ist gelernter Medienpädagoge und Kabarettist. Seit den 1990er-Jahren schreibt er Wirtschafts-, Umwelt- und Auslandsreportagen für deutschsprachige Medien. 14 Jahre lang lebt er als freier Korrespondent und Reporter in Südamerika und Spanien. Bei mehreren Verlagen wie dem DuMont Reiseverlag schreibt er Reisebücher.

Für DIE ZEIT aus Hamburg verfasst er zahlreiche Wirtschaftsreportagen über Lebensmittel wie Kaffee, Bananen, Orangensaft, Soja und Shrimps. Es geht ihm um Herkunft, Herstellung und Handel. Es geht um faire, gesunde und kleinbetriebliche Produktion. Für die Magazine GEO, MARE und TERRA MATER arbeitet Korneffel über viele Jahre zur Kulturgeschichte des Kühlens und zum Handel mit Natureis.

Gemeinsam mit dem MAGNUM-Fotografen Alex Webb wird Peter Korneffel im Jahr 2000 für die MARE-Reportage »Krieg in den Mangroven« mit dem renommierten »Hansel-Mieth-Preis« ausgezeichnet. 2001 verleiht ihm der Bundespräsident den »Medienpreis Entwicklungspolitik«. Im Jahr 2009 erhält die von ihm entwickelte ZEIT-Studienreise auf Humboldts Spuren durch das heutige Ecuador die »Goldene Palme« von GEO Saison.

Bei seinen Eis-Recherchen entdeckt er, wie eng Natureis und die Erfindung der maschinellen Kälte in Deutschland mit dem Brauen verknüpft sind. Nach verschiedenen Brauereibesuchen und Gesprächen mit Forschern aus der Kältetechnik wird ihm klar, dass er eines Tages umfassend über Bier schreiben muss.

Im Jahr 2008 schließlich kehrt der Journalist zurück nach Deutschland und zieht nach Berlin. Jetzt erlebt er die rüde Konzentration auf dem deutschen Biermarkt und die zunehmend deprimierende Eintönigkeit Berliner Biere. Das lässt ihn nicht kalt. Dieses Buch ist Peter Korneffels Antwort auf diesen Prozess, eine Hommage an die Vielseitigkeit und an den guten Geschmack, inspiriert von den neuen Biererlebnissen der Hauptstadt. Weitere Informationen unter **www.korneffel.de** und **www.biermanufakturen.de**.